초등학생이 꼭 읽어야 할 5000년 시리즈

WOW 세계위인전 ②

전설아이위인전

초등학생이 꼭 읽어야 할 5000년 시리즈

WOW 세계위인전 ❷

2014년 1월 27일 초판 1쇄 발행 | 2021년 4월 5일 초판 2쇄 발행

엮은이 | 신현배
그린이 | 고창원, 김은지, 김태란, 오은하, 오희정, 이은주, 장대현
그림 진행 | 구르는 돌

펴낸이 장진혁 | **펴낸곳** 형설출판사(형설아이)
주소 경기도 파주시 회동길 37-23 | **전화** (031) 955-2371, (031) 955-2361
팩스 (031) 955-2341 | **등록** 102-98-71832 | **홈페이지** www.hipub.co.kr
공급 형설출판사

ISBN 978-89-6142-947-4 74900
ISBN 978-89-6142-945-0 (세트)

ⓒ 신현배 2021 Printed in Korea

※ 잘못된 책은 구입하신 곳에서 바꾸어 드립니다.
　 이 책의 내용을 쓰고자 할 때는 저작권자와 출판사의 허락을 받아야 합니다.

이 도서의 국립중앙도서관 출판시도서목록(CIP)은 서지정보유통지원시스템 홈페이지(http://seoji.nl.go.kr)와 국가자료공동목록시스템(http://www.nl.go.kr/kolisnet)에서 이용하실 수 있습니다.(CIP제어번호:CIP2013026822)

초등학생이 꼭 읽어야 할 5000년 시리즈

WOW 와우
세계위인전 ②

문학가편
학자·사상가편
교육자·사회사업가편
과학자편
발명가편

엮음 신현배

머리말

  5천 년 세계 역사를 돌아보면 많은 사건들이 있었고, 그 사건의 현장에는 중요한 인물들이 있음을 알 수 있습니다. 이들은 역사에 큰 발자취를 남겼으며, 오늘날에는 '위인'이라 불리고 있습니다. 세계의 역사 속에는 성인, 영웅, 정치가, 장군, 문학가, 학자·사상가, 교육자·사회사업가, 과학자, 발명가, 예술가, 종교인, 의사·간호사, 모험가·탐험가, 사업가 등 다양한 분야에 걸쳐 많은 위인들이 있습니다. '사람은 역사를 만들고, 역사는 인물을 만든다.'라는 말이 있듯이, 위인은 자기 분야에서 역사를 만든 사람입니다. 자신이 정말로 좋아하는 일을 찾아서, 피땀어린 노력과 불굴의 의지로 남다른 업적을 남긴 것이지요.

　이들에게는 배울 점이 참 많습니다. 이들은 자기 자신보다는 나라를 먼저 생각했으며, 어떤 어려움이 있더라도 좌절하지 않고 그것을 이겨 냈습니다. 또한, 불의와 타협하지 않고 언제나 정의의 편에 섰으며, 자신의 재주를 갈고 닦는 데 게을리하지 않았습니다. 어린이 여러분도 이런 위인들을 본받아 자신의 꿈을 이루어 나갔으면 합니다.

　이 책은 5000년 세계 역사에 길이 남을 위인 50명을 가려 뽑아, 그 생애와 업적을 분야별로 나누어 소개한 책입니다.

　제1권에서는 성인, 영웅, 정치가, 장군을, 제2권에서는 문학가, 학자·사상가, 교육자·사회사업가, 과학자, 발명가를, 그리고 제3권에서는 예술가, 종교인, 의사·간호사, 모험가·탐험가, 사업가를 다루었습니다.

　아무쪼록 이 책을 통해 역사에 대한 흥미와 관심을 갖고, 새로운 역사의 주인공이 되시기 바랍니다.

엮은이 신현배

차 례

● **문학가편**

셰익스피어 세계 최고의 극작가 · 11

안데르센 동화의 아버지 · 29

톨스토이 세계 문학의 최고봉 · 47

마크 트웨인 《톰 소여의 모험》을 쓴 세계적인 작가 · 67

● **학자 · 사상가편**

맹자 성인으로 불리는 학자 · 91

루소 민주주의의 아버지 · 105

● **교육자 · 사회사업가편**

페스탈로치 교육의 성자 · 121

앙리 뒤낭 적십자 운동의 아버지 · 137

헬렌 켈러 장애인들의 빛이 된 사랑의 천사 · 153

●  **과학자편**

갈릴레이 근대 과학의 선구자 · 173

뉴턴 근대 과학의 아버지 · 191

다윈 《종의 기원》을 발표한 생물학자 · 207

파브르 《곤충기》를 쓴 위대한 곤충 학자 · 219

퀴리부인 과학의 어머니 · 231

아인슈타인 20세기 최대의 물리학자 · 243

● **발명가편**

에디슨 위대한 발명왕 · 257

라이트 형제 항공 시대를 연 비행기 발명가 · 271

노벨 노벨상을 남긴 다이너마이트 발명가 · 283

문학가편

세계 최고의 극작가
셰익스피어

동화의 아버지
안데르센

세계 문학의 최고봉
톨스토이

《톰 소여의 모험》을 쓴 세계적인 작가
마크 트웨인

세계 최고의 극작가
셰익스피어
(1564~1616)

　　　　23세 때 고향을 떠나 런던으로 올라와 극장 말지기,
극단 프롬프터(연극 중 대사를 잊어버린 배우에게 대사를 읽어주는 사람),
　　　　단역 배우 등을 거쳤다. 처음에는 연극 대본을 고쳐 쓰는 일을 하다가
　　　　　희곡을 쓰게 되었는데, 연출가의 인정을 받아 무대에 올려졌다.
3부작 역사극《헨리 6세》를 비롯하여《리처드 3세》,《실수의 연극》,
《말괄량이 길들이기》등을 발표하여 유명한 극작가가 되었다.
그 뒤부터 쉬지 않고 작품을 써서《로미오와 줄리엣》,《베니스의 상인》등
주옥같은 작품들을 발표했다. 1611년 고향으로 내려가 1616년 세상을 떠났다.
대표작으로《햄릿》,《오델로》,《맥베드》,《리어 왕》등의 4대 비극과
《한여름 밤의 꿈》,《십이야》,《마음대로 하세요》,《줄리어스 시저》등이 있다.

"윌리엄, 지각하겠다. 서둘러라."

윌리엄 셰익스피어는 어머니가 재촉하는데도 우두커니 앉아 있었습니다. 아주 시무룩한 얼굴이었습니다.

"왜 그러고 있어? 학교 안 갈 거니?"

윌리엄은 다시금 어머니의 재촉을 받고서야 마지못해 일어섰습니다. 그리고 가방을 들고 집을 나섰습니다.

어머니는 윌리엄의 뒷모습을 보며 고개를 갸웃거렸습니다.

'쟤가 왜 저러지? 학교에서 무슨 일이 있었나?'

어머니가 보기에 요즘 윌리엄은 말수가 줄어들고 풀이 죽어 있었습니다. 그리고 무엇 때문인지 학교에 가기 싫어했습니다.

'혹시 저 녀석이 우리 집 형편을 알아 버렸나? 학교에 다닐 처지가 아니라고 생각하는 거 아니야?'

어머니 메리는 집안 살림을 생각하면 한숨부터 나왔습니다. 끼니를 걱정할 만큼 형편이 어려워졌기 때문이었습니다.

그러나 윌리엄이 학교에 들어가기 전만 해도 이렇게 어렵지는 않았습니다. 어려운 사람들을 도와 줄 수 있을 만큼 여유가 있었습니다.

메리는 1557년에 존 셰익스피어를 만나 결혼했습니다. 이 때 남편은 영국의 중부 지방에 있는 워릭셔 주의 스트랫포드에서 농사를 지으면서 가죽 장갑 장사를 하고 있었습니다.

1564년 4월 23일 윌리엄이 태어났고, 그 이듬해에 존은 스트랫포드 시 의원이 되었습니다. 그리고 윌리엄이 일곱 살이 되었을 때는 스트랫포드 시의 시장으로 뽑혔습니다. 존이 이렇게 정치를 하게 된 것은 상당한 재산을 모았기 때문이었습니다.

하지만 시 의원이나 시장은 시민들을 위해 봉사하는 명예직이었습니다. 밑 빠진 독에 물 붓기로, 많은 돈이 들어갔습니다.

자신의 재산을 몽땅 털어 넣고, 아내가 시집 올 때 가져온 땅까지 팔아도 모자랄 정도였습니다. 결국 존은 시장을 그만두고 말았습니다. 이 때 이미 그는 빚더미에 앉아 있었습니다. 윌리엄을 학교에 보내기에도 어려운 형편이었습니다.

윌리엄은 이런 집안 사정을 알고 있었습니다. 며칠 전에 아버지와 어머니가 주고받는 말을 우연히 엿들은 것입니다. 윌리엄은 충격을 받았습니다.

'우리 집이 이렇게 어려워졌는데, 내가 꼭 학교에 다닐 필요가 있을까? 나는 식구들을 먹여 살리기 위해 돈을 벌어야 해.'

윌리엄은 학교 쪽과 반대 방향으로 발길을 돌렸습니다. 그는 터덜터덜 걸어가다가 낯익은 건물을 바라보았습니다. 소를 잡는 도살장이었습니다. 윌리엄은 문득 친구에게 들었던 말이 생각났습니다.

"도살장에서 일할 사람을 찾고 있대. 소를 잡는 일이라서 모두

들 그 일을 꺼리나 봐. 한 달이 지나도 일할 사람을 구하지 못했다는 거야."

윌리엄은 도살장 앞에 걸음을 멈추고 하얀 건물을 바라보았습니다.

'도살장에서 일할 사람을 찾고 있다고 했지? 나를 써 달라고 부탁해 보자.'

윌리엄은 도살장 안으로 들어가서 주인을 만났습니다. 찾아온 용건을 말하자, 주인은 눈이 휘둥그레졌습니다.

"겨우 열네 살인데 여기서 일하겠다고? 스무 살 넘은 청년들도 하기 힘든 일이야. 그런데 네가 어떻게 그 일을 하겠니?"

"아닙니다. 할 수 있어요. 의심스러우시면 저를 시험해 보세요."

주인은 시험삼아 송아지를 잡아 보라며 송아지 한 마리를 데려왔습니다. 송아지는 맑은 눈망울로 윌리엄을 올려다보고 있었습니다.

윌리엄은 마음이 약해졌습니다.

'저 어린 녀석을 죽여야 하다니……. 너무나 잔인한 짓이야. 하지만 나는 이 일을 해내야 해. 그래야 일자리를 얻어서 식구들을 먹여 살릴 수 있어.'

윌리엄은 이를 악물었습니다.

'송아지야, 미안하다. 나를 용서해 다오. 좋은 세상으로 가거라.'

윌리엄은 속으로 이렇게 중얼거리며 송아지를 죽였습니다.

윌리엄은 학교를 그만두고 도살장에서 일했습니다. 다달이 받는 돈으로 온 가족이 살아갈 수 있었습니다.

윌리엄이 다녔던 학교는 문법 학교였습니다. 학교에서는 라틴 어 문법, 논리학, 수사학 등과 그리스·로마의 고전을 가르쳤습니다. 모든 수업이 라틴 어로 이루어졌습니다.

윌리엄은 학교에 다닐 때는 공부에 흥미가 없었습니다. 딱딱한 라틴 어 수업이 지루하고 따분했습니다.

그렇지만 막상 학교를 그만두자 공부가 하고 싶어졌습니다. 윌리엄이 하고 싶은 공부는 라틴 어 공부가 아니라 문학 공부였습니다. 고전 작품들을 찾아 읽는 한편, 직접 시를 써 보고 싶었던 것입니다.

도살장 일은 매우 힘들었습니다. 퇴근해서 집에 오면, 피곤하여 쓰러져 자기 바빴습니다. 그래서 밤에 글 한 줄 읽을 수 없었습니다.

'나는 문학 공부를 해야 해. 그러려면 도살장 일을 그만두어야겠어.'

윌리엄이 이런 생각을 하고 있을 때였습니다. 스트랫포드에 있는 법률 사무소에서 서기로 일할 사람을 찾는다는 소식을 들었습니다. 윌리엄은 귀가 번쩍 뜨였습니다.

'법률 사무소 일은 그리 힘들지 않겠지? 저녁때는 책을 읽을 수 있을 거야.'

윌리엄은 도살장을 그만두고 법률 사무소를 찾아가서 면접을 보았습니다.

"문법 학교를 중도에 그만두었다고요? 그럼 곤란한대요, 우리 사무소에서 일하려면 법률 지식도 있고 라틴 어도 잘 해야 해요."

"그건 염려 마십시오. 저는 법률 책도 좀 읽어 보았고, 라틴 어도 읽고 쓸 수 있어요. 미덥지 않으면 시험을 해 보세요."

법률가는 윌리엄에게 몇 가지 질문을 던졌습니다. 윌리엄은 막힘없이 술술 대답했습니다. 시험해 보니 대학을 졸업한 사람 못지않은 실력을 갖추고 있었습니다.

법률가는 웃으며 윌리엄에게 말했습니다.

"좋아요. 내일부터 사무소로 출근하세요."

윌리엄은 다음 날부터 법률 사무소에서 일했습니다. 사무소 일은 바쁘지 않았습니다.

일이 없을 때는 사무소 안에 있는 책들을 읽을 수 있었습니다.

윌리엄은 하루하루가 즐거웠습니다.

그러던 어느 날이었습니다. 윌리엄은 유랑 극단의 연극 공연을 보게 되었습니다.

밤이 되자 마을의 넓은 마당에 꾸며진 무대에서는 배우들의 멋진 연기가 펼쳐졌습니다. 윌리엄은 연극이 끝날 때까지 무대에서 눈을 뗄 수가 없었습니다.

'아, 이런 세계가 있었구나. 연극을 통해 세상을 풍자하고, 인간의 모든 것을 알 수 있다니……'

윌리엄은 연극에 대해 흥미와 매력을 느꼈습니다.

1582년 11월, 윌리엄은 앤 해더웨이라는 처녀를 만나 결혼했습니다. 그의 나이 열아홉 살 때였습니다. 신부는 그보다 여덟 살이나 많았습니다.

그 후 윌리엄은 딸 수잔나와 쌍둥이 남매인 햄넷과 주디스를 얻었습니다.

그는 결혼한 뒤에 일자리를 옮겼습니다. 마을에 학교가 생겨 선생님으로 일하게 된 것입니다.

그러나 윌리엄은 좋은 일자리와 행복한 가정이 생겼지만 만족하지 못하고 있었습니다. 그의 머릿속을 꽉 채우고 있는 것은 배우들이 연기를 펼치는 연극 무대였습니다.

'나도 연극을 하고 싶다. 멋진 배우가 되어 관객들을 울리고 웃

기는 거야.'

　당시에는 연극을 하려면 런던으로 가야 했습니다. 런던에는 크고 작은 극단이 있어, 관객들을 상대로 갖가지 공연을 하고 있었기 때문입니다.

　그런데 윌리엄을 런던으로 떠나게 만든 사건이 마을에서 벌어졌습니다. 그의 나이 스물세 살 때였습니다.

　그의 고향 마을에는 토머스 루시 경이라는 귀족이 살고 있었습

니다. 루시 경은 사슴 목장을 하고 있는데, 마을에서 인심을 잃고 있었습니다.

성질이 고약하여 자기 비위에 거슬리면 아무나 붙잡아 성 안에 가두고 매질을 했기 때문이었습니다.

하루는 윌리엄과 마을 청년들이 루시 경의 사슴을 한 마리 훔치기로 했습니다. 당시에 젊은이들은 추수철이 되면 사슴을 서리하여 파티를 즐기는 풍습이 있었습니다.

사슴 주인은 사슴을 털려도 문제 삼지 않았습니다. 오랜 풍습을 이해하고 눈감아 주는 것이 관례였습니다.

그런데 루시 경은 달랐습니다. 윌리엄을 비롯한 마을 청년들이 사슴을 훔치러 오자, 그 자리에서 붙잡았습니다.

그리고는 성으로 끌고 가 매질을 하는 것이었습니다.

윌리엄은 곧 풀려났지만 화가 나서 견딜 수가 없었습니다. 그래서 루시 경을 비웃는 글을 써서 마을 게시판에 붙여 놓았습니다.

루시 경은 이를 보고 노발대발했습니다.

"이 녀석이 감히 나를 조롱해? 여봐라, 당장 가서 윌리엄을 잡아 오너라!"

루시 경의 하인들이 윌리엄을 잡으러 오기 전에, 누군가가 윌리엄에게 이 사실을 알려 주었습니다.

윌리엄은 짐을 챙겨 런던으로 달아났습니다. 그러나 런던에는 특별히 아는 사람이 없었습니다.

　월리엄은 무작정 베베이지 극장을 찾아갔습니다. 베베이지 극장은 영국에서 가장 오래된 유명한 극장이었습니다.

　"저, 지배인님을 뵈러 왔는데요."

　월리엄은 극장 사무실로 들어가 머리를 조아렸습니다.

　"내가 지배인인데 무슨 일로 오셨소?"

　"배우가 되고 싶어서 왔습니다."

　"연극을 한 적이 있소?"

　"전혀 없는데요."

　"그렇다면 배우가 되기 어렵지. 연기 경험이 있어도 무대에 설까 말까 한데."

　"지배인님, 무슨 일이든 좋습니다. 제발 이 극장에서 일하게 해 주십시오."

　월리엄은 끈질기게 부탁했습니다.

　"그럼 말지기를 맡길 테니 해 보겠나?"

　말지기는 극장 앞에서 손님들이 타고 온 말을 맡아 돌보는 일을 하는 사람이었습니다.

　"하고말고요. 극장에서 일하게 해 주신 것만으로도 감사한데요."

　월리엄은 말지기 일을 열심히 했습니다. 그가 일을 맡고부터

말이 뒤바뀌는 일이 없었습니다.

"자네, 참 쉬지 않고 일하는군. 아주 성실해. 이번에는 프롬프터를 해 봐."

프롬프터는 연극 중에 대사를 잊어버린 배우에게 대사를 읽어 주는 사람을 말합니다. 윌리엄은 신바람이 나서 이 일도 열심히 했습니다.

그러던 어느 날, 윌리엄에게 기회가 왔습니다. 지배인이 그를 불러 이렇게 말했던 것입니다.

"자네 배우가 되고 싶다고 했지? 마부 역을 하지 않겠어?"

연극에서 마부 역을 하던 배우가 갑자기 죽어 찾아온 행운이었습니다.

윌리엄은 레카스터 극단의 배우가 되어 무대에 섰습니다. 대사는 몇 마디 되지 않았지만 마부 역을 실수없이 해냈습니다.

이 때부터 윌리엄은 연출가의 눈에 들어 계속해서 무대에 서게 되었습니다.

그러나 배우의 길은 멀고 험했습니다. 윌리엄에게 주어지는 배역은 '병사 1'이나 '백성 2'가 고작이었습니다. 연기 능력을 인정받아 주연 배우가 되려면 10년 이상 무대에 서야 했습니다.

윌리엄은 생각했습니다.

'나는 아무래도 연기에 재능이 없나 봐. 차라리 연극 대본을 서

볼까?'

 윌리엄이 연극 대본을 고쳐 써 본 적이 여러 번 있었는데, 그때마다 단원들에게 내용이 점점 좋아진다고 칭찬을 받았던 것입니다.

 윌리엄 셰익스피어는 열심히 희곡(공연을 목적으로 쓰여진 연극의 대본)을 썼습니다.

 그리하여 연출가의 인정을 받아 첫 작품이 무대에 올려졌습니다. 관객들의 반응은 뜨거웠습니다. 연극이 끝나자 모두들 일어나서 우레와 같은 박수를 쳤던 것입니다.

 셰익스피어는 큰 힘을 얻어 계속해서 희곡을 썼습니다. 《헨리 6세》, 《리처드 3세》 등의 역사극을 비롯하여 《실수의 희극》, 《말괄량이 길들이기》 등의 희극이 이 무렵의 작품입니다.

 셰익스피어는 점점 더 유명해졌습니다. 엘리자베스 여왕이 극장을 찾아와 그의 작품을 보았으며, 무대에 올리는 작품마다 관객들의 갈채를 받았습니다.

 그 뒤로 셰익스피어는 쉬지 않고 《로미오와 줄리엣》, 《한여름 밤의 꿈》, 《베니스의 상인》, 《마음대로 하세요》, 《리처드 2세》, 《줄리어스 시저》 등 주옥같은 작품들을 쏟아 냈습니다.

 그 중에서도 가장 손꼽히는 작품은 1601년부터 1606년 사이에 발표한 《햄릿》, 《오델로》, 《맥베드》, 《리어 왕》입니다. 이는 셰익스피어의 4대 비극으로 세계 문학의 금자탑으로 평가되고 있습니다.

1608년 셰익스피어는 어머니가 중병에 걸려 위독하다는 소식을 듣고 고향으로 내려갔습니다.

셰익스피어는 어머니 앞에 앉아 흐느끼며 말했습니다.

"어머니, 저는 이제까지 많은 작품을 써서 여러 사람을 작품에 등장시켰습니다. 하지만 여자만큼은 악인으로 그린 적이 없습니다. 한결같이 착하고 진실되게 그렸습니다. 그 이유는 어머니가 늘 제 마음 속에 살아 계셨기 때문입니다. 어머니는 저의 여성상의 전부였습니다."

"고맙구나, 윌리엄."

어머니는 셰익스피어에게 미소를 보낸 뒤 조용히 세상을 떠났습니다.

1611년 셰익스피어는 《폭풍》을 쓰고 나서 고향으로 내려갔습니다. 그 동안 작품을 쓰느라 지쳐 있던 몸과 마음을 편안하게 쉬기 위해서였습니다.

그리고 5년 뒤인 1616년, 셰익스피어는 병을 얻어 숨을 거두었습니다.

셰익스피어는 영국 사람들에게 가장 위대한 문학가였습니다. 그래서 '셰익스피어는 인도와도 바꿀 수 없다.'며 자랑스러워했다고 합니다.

  그가 남긴 작품들은 몇백 년이 지난 오늘날까지 계속 공연되며 아낌없는 사랑을 받고 있습니다.

동화의 아버지

안데르센
(1805~1875)

덴마크의 오덴세에서 구두장이의 아들로 태어나 15세 때 배우의 꿈을 안고 코펜하겐으로 갔다. 코펜하겐에서 유명한 정치가인 요나스 콜린을 만나, 그의 도움으로 슬라겔세 라틴 어 학교와 헬싱고르 라틴 어 학교, 그리고 코펜하겐 대학에서 공부했다.
1835년 소설 《즉흥 시인》을 발표하여 유명 작가가 되었으며, 이어서 《어린이를 위한 동화집》을 출간하여 동화 작가로서 이름을 떨쳤다. 그는 결혼하지 않고 평생 혼자 살았으며, 여행을 좋아하여 외국 여행을 서른 번이나 했다. 대표작으로 《인어 공주》, 《벌거숭이 임금님》, 《미운 오리 새끼》, 《눈의 여왕》, 《성냥팔이 소녀》 등이 있다.

"**한스야**, 아버지가 재미있는 이야기 해 줄까?"

"정말요? 야, 신난다!"

아버지가 일하는 구둣방에 와 있는 한스 크리스찬 안데르센은 아버지 앞에 바싹 다가앉았습니다. 아버지는 구두를 고치다 말고 한스에게 이야기를 들려주기 시작했습니다.

"옛날, 아주 오랜 옛날에 페르시아라는 나라가 있었단다. 그 나라에는 사부르라는 왕이 있었는데……."

한스는 아버지의 말 한 마디 한 마디를 놓치지 않고 들었습니다. 그 이야기는 신나는 모험을 떠나는 뱃사공 신밧드 이야기였습니다.

한스의 아버지는 구두를 만들거나 고치는 일을 하고 있었습니다. 가난하지만 문학을 좋아하여 시집이나 소설을 즐겨 읽었습니다.

그래서 그 내용을 아들에게 종종 들려주곤 했습니다.

아버지는 손재주가 뛰어났습니다. 틈만 나면 인형을 만들어 한스와 인형극을 했습니다.

"한스야, 준비됐니? 지난번에 아빠랑 같이 해 봤지? 인형에 달린 실을 잡아당기면 인형의 팔 다리가 움직이고 입이 벌어지지?"

"예, 아버지. 인형이 꼭 살아 움직이는 것 같아요."

"인형이 입을 벌리면 너는 인형이 되어 말하는 거다."

한스는 아버지가 시키는 대로 했습니다. 그러자 재미있는 인형극이 되었습니다.

"아버지, 연극이 이렇게 흥미진진한 줄은 몰랐어요."

"후후, 네가 연극에 재미를 붙였구나. 그럼 나하고 진짜 연극을 구경하러 가자."

아버지는 한스를 극장에 데려가 주었습니다. 극장에서는 조명이 비추는 가운데 배우들이 무대 위에서 연극을 하고 있었습니다. 관객들은 배우의 몸짓과 대사 한 마디에 울고 웃었습니다.

한스는 연극이 좋았습니다.

관객들을 사로잡는 배우들이 그렇게 부러울 수가 없었습니다.

'나는 꼭 배우가 될 거야. 관객들에게 사랑받는 인기 배우가 되어 훌륭한 연기를 할 거야.'

한스는 속으로 이렇게 다짐했습니다.

그러나 세상 일은 마음먹은 대로 되지 않는가 봅니다. 한스는 인기 배우가 되지 못하고 글을 쓰는 사람이 되었습니다. 이 사람이 바로 뒷날 '동화의 아버지'라 불리게 되는 세계적인 동화 작가 안데르센입니다.

안데르센은 1805년 4월 2일 덴마크의 오덴세에서 태어났습니다. 이 때 아버지는 스물두 살, 어머니는 스물네 살이었습니다. 안데르센은 아버지에게서는 문학적인 재능을 물려받았고, 어머니에게서는 신앙심을 전해 받았습니다. 어머니는 늘 아들을 위해 기도했으며, 하느님을 믿고 살아가도록 가르쳤습니다.

추수가 끝난 어느 가을날이었습니다. 안데르센은 어머니를 따라 밭으로 갔습니다. 밭에 떨어진 이삭을 줍기 위해서였습니다. 그런데 그 날 따라 운이 없었는지, 밭을 관리하는 아저씨에게 들키고 말았습니다.

"뭐 하는 짓들이야? 내 허락도 없이 밭에서 이삭을 주워?"

밭에는 안데르센과 어머니 말고도 여러 사람이 이삭을 줍고 있었습니다.

아저씨가 채찍을 들고 나타나 호통을 치자, 모두들 정신없이 달아났습니다.

"한스야, 너도 뛰어!"

어머니는 이렇게 외치고 부리나케 도망쳤습니다.

안데르센도 그 뒤를 따라 달리기 시작했습니다.

그런데 중간에 그만 신발 한 짝이 벗겨졌습니다.

안데르센은 달리다가 멈춰 서서 신발을 집어 들었습니다.

바로 그 때, 뒤쫓아온 아저씨에게 붙잡히고 말았습니다.

"요놈, 어딜 도망가? 잘 걸렸다!"

아저씨는 험악한 얼굴로 안데르센을 노려보더니, 채찍을 높이 쳐들었습니다. 안데르센을 때리기 위해서였습니다. 그 때 안데르센이 아저씨를 똑바로 보며 외쳤습니다.

"아저씨, 하느님이 지금 우리를 내려다보고 계세요. 그런데도 저를 때리실 거예요?"

그러자 아저씨는 멈칫하더니 채찍을 든 손을 내렸습니다.

아저씨는 스스로 부끄러운 짓을 했다고 생각했는지, 얼굴이 빨갛게 변해 있었습니다.

아저씨는 하늘을 흘깃 보고 나서, 안데르센의 머리를 쓰다듬으며 부드러운 목소리로 물었습니다.

"넌 이름이 뭐니? 아주 똑똑하게 생겼구나."

"한스예요. 한스 크리스찬 안데르센."

"이름이 참 좋구나. 한스야, 아저씨가 용돈을 줄 테니 가게에 가서 과자를 사 먹어라."

아저씨는 바지 호주머니에서 동전 몇 개를 꺼내더니 안데르센에게 주었습니다.

안데르센은 어리둥절했습니다. 야단을 맞을 줄 알았는데, 좋은 아저씨로 변해 돈을 주다니 전혀 뜻밖이었습니다.

안데르센은 달아난 사람들이 모여 있는 곳으로 갔습니다.

안데르센은 어머니에게 돈을 보여 주며, 아저씨와의 사이에 있었던 일을 이야기했습니다.

어머니는 깜짝 놀라며 그 자리에 있는 사람들에게 말했습니다.

"여러분도 들었죠? 포악한 그 남자가 한스한테 돈을 주었대요. 우리 한스는 보통 아이가 아닌 것 같아요. 한스만 보면 누구나 잘해 주려고 하니 말이에요."

안데르센은 부모님의 사랑을 받으며 무럭무럭 자랐습니다.

그런데 안데르센이 아홉 살이 되던 해인 1813년의 어느 날, 안데르센은 아버지와 헤어져야 했습니다. 아버지가 갑자기 군인이 되어 전쟁터로 갔기 때문입니다.

당시는 프랑스의 나폴레옹 황제가 유럽을 손아귀에 넣기 위해서 전쟁을 벌이고 있었습니다. 덴마크는 프랑스의 편이 되어 군대를 보내 주고 있었습니다. 나폴레옹을 존경하는 아버지는 프랑스를 돕겠다며, 스스로 군인이 되어 덴마크를 떠났던 것입니다.

아버지는 이듬해에 힘없이 돌아왔습니다.

나폴레옹이 져서 전쟁이 끝났기 때문입니다. 군대에서 무리하게 훈련을 받았던 아버지는 병을 얻어 2년을 시름시름 앓다가 끝내 세상을 떠나고 말았습니다. 1816년 4월 26일의 일이었습니다.

안데르센은 아버지를 잃은 슬픔에 목놓아 울었습니다.

다시는 아버지를 만날 수 없다고 생각하니 가슴이 찢어지는 것처럼 아팠습니다.

그러나 언제까지 슬퍼하고만 있을 수는 없었습니다. 어머니는 생계를 떠맡아 일자리를 찾아 나섰고, 안데르센은 혼자 집을 보며 책을 읽었습니다.

안데르센에게는 페데루라는 친구가 있었습니다. 이 친구는 아르바이트로 연극의 광고지를 돌리는 일을 하고 있었습니다.

안데르센은 친구의 일을 도와 주고 광고지를 얻었습니다. 광고지를 보면 줄거리를 알 수 있어서, 연극의 장면들을 떠올릴 수 있었습니다. 극장에 가지 않고 상상만으로도 연극을 보는 듯한 느낌이 들었습니다.

안데르센은 가난하여 학교에 다니지 못했습니다.

어머니는 늘 이것을 안타깝게 여겼습니다.

그런데 안데르센도 학교에 다닐 수 있게 되었습니다. 돈 없는 집 아이들을 무료로 공부시켜주는 학교가 오덴세에 세워진 것입니다. 안데르센은 가슴이 뛰었습니다.

'나도 이제 가방을 들고 학교에 가는구나. 늦게 시작한 공부이니 남들보다 열심히 해야겠다.'

안데르센은 자기보다 어린 아이들과 같은 반에서 공부했습니다. 워낙 머리가 좋은데다 열심히 공부해서, 시험을 보면 언제나 좋은 성적을 거두었습니다.

안데르센이 사는 마을에는 분케프로드라는 시인의 부인과 그 여동생이 살고 있었습니다. 시인은 이미 세상을 떠나고, 두 사람이 넓은 집을 지키고 있었습니다.

그 집에는 책이 아주 많이 있었습니다. 모두 시인이 보던 것들이었습니다.

안데르센은 자주 그 집에 놀러 갔습니다. 그래서 시인의 가족으로부터 시와 시인에 대한 이야기를 듣고, 책도 많이 빌려다 읽었습니다.

안데르센이 가장 재미있게 읽은 책은 셰익스피어의 희곡들이었습니다. 밤새워 읽고 나서 인형극으로 만들어 보기도 하고, 시와 희곡을 써 보기도 했습니다.

안데르센은 열세 살이 될 무렵, 학교를 그만두어야 했습니다. 어머니가 혼자 벌어서 살아가기가 힘들었기 때문이었습니다. 안데르센은 베를 짜는 공장에 다니며 돈을 벌었습니다.

그러나 일 년쯤 지나자 이런 생각이 들었습니다.

'돈을 버는 것도 좋지만, 이런 곳에서 평생을 지낼 수는 없어. 공장을 그만두고 내가 하고 싶은 일을 할 거야.'

안데르센은 바로 공장을 그만두었습니다. 그리고는 그 사실을 어머니께 알렸습니다.

"잘 생각했다. 너는 베 짜는 공장에 다니는 것보다 재봉 일을 배우는 게 좋겠어. 너는 어려서부터 손재주가 좋아 옷감을 조각조각 잘라 인형 옷도 잘 만들었잖니."

안데르센은 고개를 저었습니다.

"싫습니다. 재봉사가 되고 싶지 않아요."

"싫다고? 그럼 뭐가 되고 싶니?"

"제가 되고 싶은 것은 연극 배우예요. 코펜하겐에 가서 좀더 공부해서 훌륭한 배우가 될래요."

어머니는 펄쩍 뛰며 반대하고 나섰습니다.

"안 돼! 왜 하필 춥고 배고픈 연극 배우가 되겠다는 거니? 돈도 못 벌고 평생 고생길이 훤할 텐데……. 그리고 어린 너를 코펜하겐까지 보낼 수는 없어."

"어머니, 연극 배우라고 다 춥고 배고픈 건 아니에요. 왕립 극장 무대에 서면 돈도 많이 번대요. 돈이 문제가 아니라 제가 하고 싶은 일을 하고 싶어요. 허락해 주세요."

안데르센은 끈질기게 어머니에게 매달렸습니다. 어머니가 아무리 말려도 소용이 없었습니다.

어머니는 한숨을 쉬며 말했습니다.

"네가 그렇게 원한다면 할 수 없지. 좋아, 떠나거라. 그 대신 어떤 어려움이 닥쳐도 쉽게 포기하지 말아야 한다."

"알겠습니다, 어머니. 꼭 성공해서 돌아오겠습니다."

1819년 9월, 안데르센은 연극 배우의 꿈을 안고 코펜하겐으로 갔습니다.

코펜하겐은 오덴세와 비교할 수 없을 만큼 큰 도시였습니다. 건물도 으리으리하고 사람도 많았습니다.

안데르센은 코펜하겐에 도착하자마자 왕립 극장을 찾아갔습니다. 그리고 지배인을 만났습니다.

"배우가 되고 싶어서 왔습니다. 저를 써 주십시오."

안데르센이 부탁하자 지배인은 코웃음을 쳤습니다.

"배우가 어린 아이 이름인 줄 알아? 어려 보이는데, 그 나이에는 공부를 해야지."

"각오는 되어 있습니다. 배우로 써 주신다면 대학에도 진학할 생각입니다."

"아무나 배우가 되는 게 아니야. 헛수고 말고 고향으로 돌아가."

"그럴 수는 없습니다. 제 실력을 보여 드리겠습니다. 저는 연기도 잘 하고 노래도 잘 하는데……."

지배인은 안데르센의 말을 끝까지 들으려 하지 않았습니다.

"바빠서 이만……."

그리고는 다른 방으로 건너가 버렸습니다.

극장에서 나온 안데르센은 눈앞이 캄캄했습니다.

'아, 나의 꿈이 사라졌구나. 이대로 그만두어야 하는 걸까?'

그러나 안데르센은 이내 고개를 가로저었습니다.

'아니야, 그럴 수는 없어. 하느님이 주신 귀한 목숨이잖아. 함부로 꿈을 버릴 수는 없지. 그리고 어떤 어려움이 닥쳐도 쉽게 포기하지 않겠다고 어머니와 약속했잖아.'

그 날 밤, 안데르센은 얼마 남지 않은 돈을 털어 극장표를 샀습니다. 그리고 극장에 들어가 '폴과 비르지니'라는 연극을 보았습니다.

안데르센은 연극을 보며 눈물을 흘렸습니다. 연극이 끝나고 막이 내려갈 때까지 그의 눈에서는 눈물이 멈추지 않았습니다.

극장에서 나오니 갈 데가 없었습니다.

안데르센은 코펜하겐 거리를 걸으며 생각에 잠겼습니다.

'이제 어떡하지? 고향으로 돌아갈까? 아니야, 그럴 수 없어. 어떻게든 이 곳에 남아 나의 꿈을 이루어야 해.'

안데르센은 문득 고향에서 알고 지내던 어느 군인이 해 준 말이 머릿속에 떠올랐습니다.

"한스, 너는 재주가 많아서 나중에 반드시 성공할 거야. 혹시 코펜하겐에 가서 어려운 일이 생기면 내 동생을 찾아가렴. 시인인데 코펜하겐에 살고 있거든."

군인의 동생은 굴드베르히라는 이름난 시인이었습니다.

안데르센은 다음 날 굴드베르히의 집을 찾아갔습니다.

굴드베르히는 안데르센을 반갑게 맞아 주었습니다.

"형님이 편지에 너에 대해 쓰셨더구나. 어서 들어오너라."

안데르센은 굴드베르히에게 왕립 극장에 다녀온 일을 이야기했습니다. 그러자 굴드베르히는 안데르센을 위로해 주었습니다.

"왕립 극장에 갔다가 실망이 컸겠구나. 극장 지배인을 너무 원망하지 마라. 그렇게 큰 무대에 아무나 배우로 세우지는 않으니까 말이야. 꿈을 이루고 싶으면 열심히 공부하면 돼. 참, 이제부터 무슨 일을 할 거니?"

"배우가 될 준비를 하면서 연극 대본을 쓰겠어요. 셰익스피어처럼 훌륭한 작품을 쓰고 싶어요."

"잘 생각했다. 배우가 안 되더라도 극작가의 길을 걸어가면 되지 않겠니? 어쨌든 열심히 해라."

안데르센은 굴드베르히의 집 가까이에 하숙방을 얻었습니다. 그리고는 열심히 희곡을 쓰기 시작했습니다.

안데르센은 작품이 완성되면 굴드베르히에게 가져가서 보여 주었습니다. 굴드베르히는 작품을 꼼꼼히 읽고 잘못된 부분을 일일이 지적해 주었습니다. 안데르센은 그의 의견에 따라 작품을 여러 번 고쳤습니다.

굴드베르히는 안데르센이 아직도 배우의 꿈을 포기하지 않았다는 것을 알고 있었습니다. 그래서 아는 사람의 소개로 안데르센을 왕립 극장의 견습 배우로 들어가게 해 주었습니다.

안데르센은 뛸 듯이 기뻐했습니다.

'나한테도 기회가 온 거야. 열심히 하면 언젠가 무대에 설 날이 오겠지.'

견습 배우는 연극의 소도구들을 나르거나 배우들의 심부름을 하는 것이 고작이었지만 그래도 안데르센은 즐거운 마음으로 그 일을 했습니다. 그리고 틈틈이 혼자서 연기 연습을 했습니다.

그러던 어느 날이었습니다. 안데르센 앞으로 고향에서 편지가 왔습니다. 편지를 보낸 사람은 고향에 살 때 가끔 만났던 텐델 룬드라는 소녀였습니다. 얼마 전 텐델 룬드에게 자신이 쓴 희곡 한 편을 보냈는데, 그에 대한 답장이었습니다.

한스야, 안녕! 네가 보내 준 희곡은 아주 훌륭했어. 혼자 보기 아깝더라. 그래서 코펜하겐에 사시는 아버지 친구분을 통해 왕립 극장에 보내 달라고 부탁해 놓았단다.
코펜하겐에는 우리 부모님 친구분들이 많이 살고 계셔. 그러니 어려운 일이 있으면 그분들을 찾아가렴. 아마 도움을 주실 거야.

그 뒤 안데르센은 텐델 룬드 부모님의 소개로 이름난 사람들을 많이 만났습니다. 그 가운데는 요나스 콜린이라는 사람이 있었는데, 덴마크의 유명한 정치가로, 왕립 극장의 단장을 맡고 있었습니다. 콜린은 안데르센에게 평생의 은인이 되어 주었습니다. 안데르센은 그의 도움으로 슬라겔세 라틴 어 학교와 헬싱고르 라틴 어 학교에서 공부하고, 1828년에는 마침내 코펜하겐 대학에 입학할 수 있었습니다.

안데르센은 대학에 들어가기 전부터 시를 쓰고 있었습니다. 그는 1828년에 첫 시집을 내고 2년 뒤에 두 번째 시집을 냈습니다.

그런데 안데르센을 유명하게 만든 것은 대학을 졸업한 뒤 이탈리아를 여행한 이야기를 쓴 소설 《즉흥 시인》이었습니다. 1835년 발표한 이 소설로 그의 이름은 유럽에 널리 알려졌습니다.

안데르센은 어린이들을 좋아했습니다. 어린이들이 즐겨 읽을 만한 좋은 동화를 쓰고 싶었습니다. 그래서 안데르센은 《즉흥 시인》을 낸 지 두어 달 만에 《어린이를 위한 동화집》을 출간하였습니다.

그러나 사람들은 이 책의 가치를 전혀 알아주지 않았습니다. 오히려 안데르센에게 비난의 화살을 퍼부었습니다.

"못된 사람이군. 동화라는 이름으로 어린이들을 속이는 글을 써?"

"온통 잠꼬대 같은 소리만 늘어놓았어. 소설 한 편 써서 세상을 다 얻은 것 처럼 우쭐대더니, 문학은 뒷전이고 어린이들을 상대로 장난을 치는군."

안데르센은 사람들의 반응에 실망하지 않을 수 없었습니다.

'세상 참 너무하는군. 순수한 마음을 몰라주다니.'

그러나 안데르센은 사람들의 비난 때문에 쓰고 있는 동화를 중단하고 싶지 않았습니다. 결국 작품을 완성하여 《어린이들을 위한 제2동화집》을 출간했습니다.

안데르센은 당분간 동화를 쓰지 않을 생각이었습니다.

그런데 뜻밖에도 동화책은 날개 돋친 듯이 팔렸고, 안데르센의 동화책은 크리스마스에 어린이들이 가장 받고 싶어하는 선물로 큰 사랑을 받았습니다. 안데르센은 용기를 얻어 계속해서 동화를 썼습니다. 《인어 공주》, 《미운 오리 새끼》, 《성냥팔이 소녀》 등 슬프고도 아름다운 동화들을 잇달아 발표하자, 많은 사람들이 감동을 받아 그의 동화를 좋아하게 되었습니다.

안데르센의 동화는 어린이들뿐만 아니라 어른들에게도 꿈과 희망을 주었습니다.

안데르센은 결혼하지 않고 평생 혼자 살았습니다. 그리고 여행을 좋아하여 세계 여러 나라를 돌아다녔습니다. 그는 외국 여행을 서른 번이나 했다고 합니다.

안데르센은 자기가 쓴 글은 절대로 버리는 일이 없었습니다. 그래서 그가 쓴 일기와 수천 통의 편지가 지금까지 남아 전해지고 있습니다.

안데르센은 1875년 8월 4일 친구인 멜피엘의 별장에서 잠자는 듯 조용히 눈을 감았습니다. 그 후 오덴세에 있던 안데르센의 고향집은 안데르센 박물관이 되었습니다. 이 박물관에는 세계 여러 나라 말로 번역된 그의 동화책이 전시되어 있습니다.

세계 문학의 최고봉

톨스토이
(1828~1910)

도스토예프스키와 더불어 19세기 러시아 문학을 대표하는 세계적 문호이며, 사상가이다. 1847년 카잔 대학을 그만두고 고향에서 지내다가, 1851년 카프카스의 군대에 들어갔다. 이 무렵 처녀작 《유년 시절》을 써서 이듬해에 발표하여 문단의 주목을 받았다. 그 뒤 잇달아 《습격》, 《산림 채벌》, 《세바스토폴 이야기》 등을 발표함으로써 청년 작가로 이름을 떨쳤다. 1862년 소피아와 결혼한 뒤 문학에 전념하여 명작 《전쟁과 평화》, 《안나 카레니나》를 완성했다. 그 뒤 기독교에 귀의하여 성경을 연구하며 지냈으며, 1899년 10년에 걸쳐 쓴 장편 《부활》을 발표했다. 아내와 사이가 좋지 않아 집을 떠나 방랑의 길에 나섰다가 병을 얻어, 1910년 11월 20일 간이역 관사에서 숨을 거두었다. 대표작으로 《전쟁과 평화》, 《안나 카레니나》, 《부활》 등이 있다.

툴라 현은 러시아의 수도인 모스크바에서 남쪽으로 160km쯤 떨어진 곳에 있습니다. 툴라 현에서 키예프 쪽으로 14km쯤 가면 야스나야 폴랴나라는 마을이 나오는데, 야스나야 폴랴나는 러시아 말로 '숲 속의 밝은 풀밭'이라는 뜻입니다.

레프 니콜라예비치 톨스토이는 1828년 9월 9일, 야스나야 폴랴나에서 4남 1녀 가운데 넷째 아들로 태어났습니다.

레프의 집안은 러시아의 명문 톨스토이 백작 가문이었습니다.

야스나야 폴랴나에 넓은 땅을 가지고 있었으며, 수많은 농노(유럽의 봉건 사회에서 평생 영주에 예속되어 농사를 짓던 농민. 땅을 빌려 농사를 짓고 곡식의 일부를 영주에게 바쳤음)들이 그 땅에서 농사를 지었습니다. 방이 42개나 되는 웅장한 저택에서 살며 30명이 넘는 하인들을 거느리고 있었습니다.

레프가 두 살 때 여동생 마리아가 태어났습니다.

그런데 어머니는 마리아를 낳자마자 세상을 떠나. 레프는 어머니의 얼굴조차 기억하지 못했습니다. 너무 일찍 어머니를 여의었기 때문입니다. 집 안에는 어머니의 초상화 한 장 없었습니다.

그래서 뒷날 레프는 어머니를 그리워하며 《유년 시절》이라는 소설에서 이렇게 밝혔습니다.

외로울 때 어머니 초상화라도 한 장 있다면 얼마나 위안이 될까.

돌아가신 어머니 대신 톨스토이 형제들을 돌봐 준 것은 먼 친척인 타치아나 아주머니였습니다. 타치아나 아주머니는 형제들을 친자식처럼 사랑했습니다.

그래서 아이들이 구김살 없이 자랄 수 있도록 온 정성을 다해 돌봐 주었습니다.

어린 형제들은 마당이나 방 안에서 어울려 놀았습니다.

언제나 재미있는 놀이를 생각해 내는 것은 큰형인 니콜라이였습니다.

어느 날, 니콜라이가 동생들에게 말했습니다.

"애들아, 우리 개미 형제 놀이 할래?"

"개미 형제 놀이? 그게 뭔데?"

동생들은 눈을 반짝이며 니콜라이를 쳐다보았습니다.

니콜라이가 말했습니다.

"우리가 개미 형제가 되어 개미굴을 만들어 노는 거야. 자, 모두들 의자를 들고 마당으로 나가."

동생들은 니콜라이가 시키는 대로 의자를 하나씩 들고 마당으로 나갔습니다.

니콜라이는 담요 한 장을 들고 나와서 동생들에게 지시했습니다.

"지금부터 개미굴을 만들거야. 의자를 마당에 둥글게 놓아."

동생들이 의자를 마당에 둥글게 놓자, 니콜라이는 그 위에 담요를 덮었습니다.

"어때, 땅 속의 개미굴이 만들어졌지? 어서 안으로 들어가자."

니콜라이는 앞장서서 의자 밑으로 기어들어갔습니다. 동생들도 뒤따라 들어왔습니다.

의자 밑은 담요를 덮어 개미굴처럼 캄캄했습니다. 형제들은 그 속에서 서로 몸을 붙인 채 앉아 있었습니다.

니콜라이는 머리가 좋고 상상력이 풍부했습니다. 갑자기 무슨 생각이 떠올랐는지 동생들에게 말했습니다.

"나는 얼마 전에 세상 사람들이 깜짝 놀랄 비결을 알아냈어. 그게 뭔지 아니?"

"뭔데? 빨리 가르쳐 줘."

동생들은 니콜라이를 졸랐습니다.

"알았어. 말해 주지. 그것은 세상 사람들이 서로 싸우지 않고 행복하게 살 수 있는 비결이야. 이것만 알면 전쟁도 없어지고, 병에 걸려 죽지도 않고, 모두들 잘 먹고 잘 살게 되지."

"그 비결이 뭔데? 그건 바로 가르쳐 줘야지."

"나는 그 비결을 초록색 지팡이에 적어 놓았지. 지팡이는 숲 속에 아무도 모르게 묻어 두었어."

"형, 그럼 지팡이는 언제 보여 줄 거야?"

"너희들이 내 말을 잘 들으면 그 때 보여 줄께."

그러나 니콜라이는 끝내 동생들에게 초록색 지팡이를 보여 주지 않았습니다. 그것은 어디까지나 동생들에게 꿈을 심어 주려고 니콜라이가 지어 낸 이야기였던 것입니다.

톨스토이는 상상력이 풍부하고 문학적 재능이 있는 니콜라이를 좋아했습니다. 톨스토이가 열 살 때 아버지마저 세상을 떠나자 여섯 살 많은 큰형 니콜라이를 아버지처럼 믿고 따랐습니다.

톨스토이는 어렸을 때 집에서 가정 교사에게 교육을 받았습니다. 그러다가 열일곱 살이 되자 카잔 대학에 들어갔습니다.

톨스토이는 동양어과에서 아랍 어와 터키 어를 배웠습니다. 외교관이 되고 싶어서였습니다. 그런데 성적이 좋지 않아서 이듬해 진급 시험에 떨어지자 법학과로 옮겨야 했습니다.

톨스토이는 대학 생활에 싫증을 느꼈습니다. 공부에 흥미를 잃었고, 까다로운 대학 규칙에 숨이 막혔습니다.

대학에는 규칙을 어긴 학생에게 벌을 주었는데, 달아나지 못하도록 학생을 철창이 있는 방에 가둬 두었습니다.

톨스토이는 공부하기 싫어서 자주 수업을 빠졌습니다. 그러자 학교에서는 결석을 많이 한다고 톨스토이를 감옥 같은 방에 강제로 넣었습니다.

'대학은 학문을 연구하는 곳인데, 학생들을 너무 억누르는구나. 이런 상태에서 어떻게 자유롭게 학문을 연구할 수 있겠는가? 대학은 학문의 무덤이야!'

톨스토이는 답답한 마음에 저녁마다 카잔 시내로 나갔습니다. 파티에 참석해 밤늦도록 술을 마시고 놀거나 밤새워 노름을 했습니다. 그러나 다음 날이 되면 정신이 들고 후회가 되었습니다.

'내가 어쩌려고 이처럼 방탕한 생활을 하는가. 이렇게 살 바에는 차라리 죽는 게 낫지 않을까?'

톨스토이는 고민을 거듭하다 마침내 학교를 그만두었습니다.

고향인 야스나야 폴랴나로 돌아온 그는 지난 생활을 깊이 반성

했습니다. 톨스토이는 법학, 의학, 역사, 지리, 수학, 음악, 자연 과학 등과 라틴 어, 영어, 프랑스 어, 독일어 등을 혼자서 공부하기로 마음 먹었습니다. 그리고 농노들과 함께 땀 흘려 일하고, 농사짓는 방법을 연구하여 농노들을 돕기로 했습니다.

다음 날부터 톨스토이는 자신의 계획을 실천해 나갔습니다. 읽을 책을 정하여 밤새도록 공부하는 틈틈이 농업책을 읽었습니다. 또한, 작업복을 구해 농노들과 함께 들판에서 일했습니다.

그러나 농노들은 톨스토이를 이해하지 못했습니다.

"주인 나리가 제정신이 아닌가 봐. 귀족이면 귀족답게 살아야지, 왜 우리와 같이 농사를 지으려는 거야?"

"별난 양반이야. 심심하면 집에서 낮잠이나 주무시지."

톨스토이는 농노들이 자신의 마음을 몰라주자 답답했습니다. 더 이상 농노들을 위해 일할 기분이 나지 않았습니다.

그 무렵, 톨스토이보다 앞서 카잔 대학에서 공부하고 포병 장교로 군대에 가 있던 형 니콜라이가 휴가를 나왔습니다. 니콜라이는 카프카스에서 군대 생활을 하고 있었습니다. 톨스토이는 형에게 카프카스에 대한 이야기를 들었습니다.

"카프카스에서는 전쟁이 벌어지고 있어. 우리 러시아 군대와 국경 지대에 있는 산악 민족이 싸우고 있지. 하지만 매일 전투가 있는 것은 아니야. 워낙 경치가 아름다운 곳이어서, 전투가 없는 날은 꼭 낙원에 와 있는 것 같아."

톨스토이는 귀가 번쩍 뜨였습니다.

'그래, 카프카스로 가자. 좋은 경험이 될 거야.'

1851년 4월 20일, 톨스토이는 니콜라이를 따라 카프카스로 떠났습니다. 높은 산으로 둘러싸인 경치 좋은 곳이었습니다. 아름다운 자연의 품에서 몇 달을 지내고 나니, 정신이 맑아지고 기운이 솟았습니다. 무슨 일을 하든 잘할 수 있을 것 같은 자신감이 생겼습니다.

그러던 어느 날 문득 이런 생각이 들었습니다.

'소설을 쓰자! 내 어린 시절 이야기를 자세히 쓰는 거야.'

톨스토이는 이렇게 마음먹고 소설을 쓰기 시작했습니다. 그것은 《유년 시절》이라는 작품이었습니다.

톨스토이는 군에 입대하여 포병 중대에 들어가서도 틈틈이 소설을 써 1년 만에 《유년 시절》을 완성할 수 있었습니다.

톨스토이는 마음이 뿌듯했습니다. 세상에 태어나 처음으로 써 본 소설이었습니다.

톨스토이는 이 소설을 인기 잡지인 『현대인』에 보냈는데, 1852년 9월에 발표되었습니다.

그는 《유년 시절》로 문단의 주목을 받았습니다. 선배 작가인 투르게네프는 대단한 작품이라며 칭찬을 아끼지 않았습니다.

톨스토이는 이런 격려에 힘입어 계속 작품을 썼습니다. 《습격》, 《산림 채벌》 등의 단편 소설은 카프카스에서 겪은 전쟁 체험을 바탕으로 한 것이었습니다.

1853년 11월, 러시아는 터키와 전쟁을 시작했습니다. 이것이 유명한 크림 전쟁입니다.

톨스토이는 스스로 지원하여 전투가 한창 벌어지고 있는 크림 반도로 갔습니다. 그는 세바스토폴에 있는 제14여단에 소속되어 포병으로서 치열한 전투를 벌였습니다.

이 때의 경험을 녹여 쓴 소설이 《세바스토폴 이야기》입니다. 이 소설이 발표되자 독자들의 반응은 컸습니다.

러시아 황제 알렉산드르 2세는 이 소설을 읽고 감동을 받아, 프랑스 어로 번역을 하라고 명했습니다. 프랑스 어를 주로 쓰는 러시아 귀족들에게 읽히기 위해서였습니다.

1855년 전쟁이 끝나자 톨스토이는 군에서 제대했습니다. 이 때 이미 그는 청년 작가로 널리 알려져 있었습니다.

1857년 톨스토이는 유럽 여행을 떠났습니다. 프랑스, 스위스,

독일 등을 돌아보고 반 년 만에 고향으로 돌아왔습니다.

톨스토이는 여행을 통해 느낀 점이 많았습니다.

'유럽에는 농노들을 부려먹으며 편히 살아가는 귀족들이 너무나 많다. 그들은 농노들을 위해 하는 일이 아무것도 없다. 농노들을 교육시킨다면 비참한 생활에서 벗어날 수 있을 텐데……'

톨스토이는 농노들을 위해 일해야겠다고 결심했습니다.

1859년 가을, 톨스토이는 고향 마을에 농민 학교를 세웠습니다. 글을 모르는 사람들과 어린이들을 위해 지은 학교였습니다.

'어떻게 하면 학생들을 더 잘 가르치고 좋은 학교를 만들 수 있을까? 다른 나라의 학교들을 둘러봐야겠다.'

톨스토이는 궁리 끝에 1860년 6월 다시 유럽 여행을 떠났습니다. 독일, 프랑스, 이탈리아, 영국, 벨기에 등을 돌아다니며 선생님들과 학생들을 만나고 학교들을 둘러보았습니다.

톨스토이는 여행 중에 형 니콜라이를 만났습니다.

니콜라이는 폐결핵에 걸려 독일에서 요양을 하고 있었습니다. 그러나 병이 깊어져 위독한 상태였습니다.

"형님, 기운 내세요. 형님은 군에서 제대한 뒤 모스크바의 판자촌 마을에 살면서, 어려운 사람들을 많이 도와 주셨잖아요. 병이 나으셔서 일을 계속하셔야지요."

니콜라이가 기운 없는 목소리로 말했습니다.

"나는 이제 틀렸어. 레프, 너는 오래 살아야 한다. 그래서 좋은 작품을 많이 써야지."

"제가 지금 할 일은 한 가지뿐입니다. 그건 형님을 살리는 일이에요."

톨스토이는 니콜라이를 남프랑스의 이에르로 옮겼습니다.

기후가 좋아 폐결핵 환자가 요양하기 좋은 곳으로 소문난 고장이었습니다. 톨스토이는 이 곳에 머물며 정성을 다해 형을 간호했습니다. 그러나 니콜라이는 끝내 회복하지 못하고 1860년 9월 20일, 세상을 떠나고 말았습니다.

톨스토이가 유럽 여행을 마치고 고향으로 돌아온 것은 1861년 4월이었습니다. 그는 날마다 학교에서 열심히 아이들을 가르쳤습니다.

그런데 그가 아이들을 가르치는 방식은 다른 학교의 선생님들과 달랐습니다. 규칙을 정해 놓

고 엄격하게 가르치는 것이 아니라 자유로운 분위기에서 수업을 했습니다. 아이들이 공부하기 싫다고 하면 하루 종일 놀게 해 주었습니다. 하지만 재미있다고 이야기를 더 해 달라고 하면 몇 시간이고 쉬지 않고 수업을 했습니다.

아이들은 학교에 올 때 빈 몸으로 왔습니다. 교과서도 공책도 필요 없었기 때문이었습니다.

학교는 아침 8시에 문을 열었지만, 꼭 그 시간에 맞춰 학교에 오지 않아도 되었습니다. 아이들은 학교에 오고 싶을 때 오고, 집에 가고 싶을 때 갔습니다. 그야말로 아이들 마음대로 다닐 수 있는 학교였던 것입니다.

'교과서에 의지해 아이들을 가르칠 필요는 없다. 아이들에게 중요한 것은 앞으로 인생을 어떻게 살아야 하는가이다. 아이들 스스로 인생을 생각하게 하고 앞날을 열어 가게 해 준다면 학교 교육은 그것으로 충분하다.'

톨스토이는 이런 생각을 가지고 학교를 운영해 나갔습니다.

그의 농민 학교는 점점 늘어나 30곳이나 되었습니다.

그런데 툴라 현에 사는 귀족들은 농민을 위해 일하는 톨스토이에 대해 불만이 많았습니다. 그들은 러시아 정부에 이렇게 건의했습니다.

"톨스토이가 농민들의 자녀들에게 잘못된 사상을 심어 주고 있어요. 이 아이들이 자라면 틀림없이 정부에 반역을 할 거예요."

그러자 정부에서는 톨스토이의 집을 수색하고 학교 문을 닫게 했습니다.

1862년 9월 23일, 톨스토이는 소피아라는 처녀와 결혼했습니다. 소피아는 톨스토이의 작품에 관심이 많았고, 문학적 재능도 있는 여자였습니다.

"당신은 교육자가 아니라 작가예요. 앞으로는 좋은 소설을 많이 쓰세요."

톨스토이는 아내의 격려에 힘입어 소설을 쓰는 일에 온 힘을 쏟았습니다.

소설을 쓰기 시작한 지 6년 만인 1869년에 장편 소설 《전쟁과 평화》를 완성할 수 있었습니다.

《전쟁과 평화》는 나폴레옹의 러시아 침공을 배경으로 하여 러시아의 5개 귀족 집안의 역사를 다룬 방대한 작품이었습니다.

등장 인물만 해도 559명이나 되었습니다. 톨스토이는 이 소설로 대성공을 거두었습니다. 유럽의 평론가들은 찬사를 아끼지 않았으며 세계 문학의 걸작으로 남게 되었습니다.

톨스토이는 《전쟁과 평화》를 쓰고 나서 농민 학교를 다시 열고, 아이들을 가르치는 일에 온 힘을 기울였습니다.

'아이들을 제대로 가르치려면 좋은 교과서가 있어야 해. 농민

의 자식이든 귀족의 자식이든 누구나 쉽게 배울 수 있는 교과서를 만들어야겠다.'

이렇게 마음먹은 톨스토이는 교과서를 만드는 일에 발벗고 나섰습니다. 자료를 모으려고 일 년 동안 러시아 방방곡곡을 돌아다니는가 하면, 망원경으로 밤마다 별을 관찰하기도 했습니다.

이렇게 4년에 걸쳐 발로 뛴 끝에 만든 것이 '초등 교과서'입니다. 이 교과서는 선생님과 학생들에게 좋은 반응을 얻어 150만 부나 팔려 나갔습니다.

소피아는 남편이 하는 학교 일에 불만이 많았습니다. 그 일에 많은 돈이 들어가는 데다, 소설을 쓸 시간을 빼앗기고 있었기 때문이었습니다.

톨스토이는 학교 일뿐 아니라 가난한 사람들을 구제하는 일에도 앞장섰습니다. 1873년 여름, 사마라라는 곳에 심한 가뭄이 들었습니다. 먹을 것이 없어 굶어 죽는 사람들이 한둘이 아니었습니다. 톨스토이는 이런 참상을 보고 모른 척할 수 없었습니다. 그래서 러시아에 있는 신문에 알려 모금 운동을 하고, 사마라로 가서 농민들을 도왔습니다.

톨스토이는 이런 저런 일로 몹시 바빴지만, 그렇다고 완전히 펜을 놓은 것은 아니었습니다.

1873년부터 『러시아 월보』라는 잡지에 장편 소설 《안나 카레

니나》를 연재하기 시작한 것입니다.

《안나 카레니나》는 1860년대 러시아 사회를 다루면서 러시아 귀족들의 방탕하고 위선적인 생활을 파헤친 소설이었습니다. 이 소설은 1876년에 완성되었는데, 톨스토이의 대표작 가운데 하나로 꼽히는 작품입니다.

톨스토이는 이 무렵부터 죽음에 대한 공포와 인생에 대한 허무감을 느끼게 되었습니다. 그리하여 얼마 동안 방황하다가 구원의 빛을 발견했는데, 그것은 하느님에 대한 신앙이었습니다. 그 후 톨스토이는 기독교에 귀의하여 성경을 연구하며 지냈습니다.

1899년에는 10년에 걸쳐 쓴 장편 소설 《부활》을 발표하게 되었는데, 이 소설은 톨스토이가 신앙을 얻은 이후 처음 쓴 작품이었습니다. 예술적 수준에는 《전쟁과 평화》, 《안나 카레니나》에 미치지 못했지만, 인간의 양심과 사랑을 다루어 독자들에게 깊은 감동을 주었습니다.

톨스토이는 말년에 아내와 사이가 좋지 않았습니다. 아내는 톨스토이가 있는 재산을 털어 농민들을 도와주는 것이 불만이었습니다. 아내는 귀족으로서 품위를 지키며 안락한 생활을 누리기를 원했습니다. 톨스토이와는 사이가 벌어질 수밖에 없었습니다.

1910년 10월 29일 새벽, 톨스토이는 집을 빠져 나왔습니다. 아내 앞으로는

　　결혼 생활 48년 동안 나를 위해 수고해 줘서 고맙소. 어디론가 가서 혼자 숨어 살 테니, 나를 찾지 마시오.

라는 쪽지를 남겨 두었습니다.

1910년 11월 20일, 톨스토이는 아스타포브 역(지금의 톨스토이 역) 관사의 작은 방에서, 폐렴을 이기지 못하고 쓸쓸히 세상을 떠났습니다.

《톰 소여의 모험》을 쓴 세계적인 작가

마크 트웨인
(1835~1910)

남북 전쟁 이후 미국 문학을 대표하는 작가의 한 사람이다. 미시시피 강가의 해니벌에서 어린 시절을 보냈으며, 인쇄공, 뱃길 안내원, 민병대원, 신문 기자 등 여러 직업을 전전했다. 1865년 뉴욕 잡지 『새터데이 프레스』에 단편 소설 《캘리베러스의 명물, 뜀뛰는 개구리》를 발표하여 명성을 얻었으며, 1869년 《철부지의 해외 여행기》를 펴내어 대중들에게 사랑받는 작가가 되었다. 그 뒤 《톰 소여의 모험》, 《왕자와 거지》, 《미시시피 강의 생활》, 《허클베리 핀의 모험》 등의 작품을 차례로 발표하여 미국 최고의 인기 작가가 되었다.

"**학교에** 꼭 가야 한다. 숲이나 강으로 놀러 가면 안 돼. 알았지?"

"걱정하지 마세요. 이래 봬도 학교에서 우등생이에요. 저를 모르는 선생님이 한 분도 없는걸요."

사무엘 클레멘스는 아버지 존 마셜에게 큰 소리로 말하고 아침에 집을 나섰습니다.

아버지는 의심이 가득한 눈길로 아들의 뒷모습을 바라보았습니다.

'저 녀석이 과연 학교에 갈까? 아무래도 마음이 놓이지 않으니 몰래 따라가 봐야겠다.'

아버지는 이렇게 마음먹고 아들의 뒤를 몰래 따라가기 시작했습니다.

사무엘 클레멘스는 집에서 샘이라고 불리었습니다. 5남 3녀 가운데 여섯째로, 둘째 형과 막내 여동생은 태어난 지 얼마 안 되어 죽었습니다.

샘은 1835년 11월 30일, 미국 미주리 주의 플로리다에서 태어났습니다.

샘이 태어나기 며칠 전에는 핼리 혜성이 나타났다고 세상이 떠들썩했습니다. 핼리 혜성은 75년에 한 번 나타나는 유명한 혜성이었습니다.

'샘이 핼리 혜성과 함께 이 세상에 얼굴을 내밀어서 그런가? 별난 짓만 골라서 한단 말이야. 학교는 가기 싫어하고 늘 말썽만 피우니, 원……'

샘은 학교에서 소문난 말썽꾸러기였습니다.

학교에 가면 선생님들한테 야단을 맞지 않는 날이 없었습니다. 첫 시간부터 마지막 시간까지 종아리를 맞느라 정신이 없었습니다.

샘은 종아리를 맞을 때 언제나 꼿꼿이 서서 태연히 맞았습니다. 친구들과의 약속 때문이었습니다.

"우리 내기 할까? 누가 가장 참을성 있게 종아리를 맞는지."

이런 내기에서는 아무도 샘을 이기지 못했습니다. 샘이야말로 매맞기 선수였기 때문이었습니다.

샘의 이모인 퍼시 쿼리즈는 플로리다에서 큰 농장을 하고 있었습니다. 샘이 다섯 살 때 온 가족이 플로리다에서 미시시피 강 서쪽 유역의 해니벌로 이사했습니다.

샘은 여름 방학이 되면 이모네 농장으로 놀러갔습니다.

이모는 샘에게 만만한 상대였습니다. 샘은 짓궂은 장난으로 번번이 이모를 골탕 먹였던 것입니다.

이모의 바느질 통에 박쥐 새끼나 도마뱀을 넣어 두어 이모를 놀라게 한 적이 한두 번이 아니었습니다.

'요녀석, 학교에 가지 않고 다른 데로 새기만 해 봐라.'

아버지는 샘의 뒤를 쫓아가며 단단히 별렀습니다.

그런데 눈치 빠른 샘은 아버지가 자기 뒤를 미행한다는 것을 알고 있었습니다. 그는 마을을 벗어나 숲길로 들어서자, 재빨리 나무 뒤로 숨어 버렸습니다.

'어? 이 녀석 어디 갔지? 조금 전까지도 앞서 걸어갔는데…….'

아버지는 샘을 찾으려고 주위를 두리번거렸습니다. 그러나 나무 뒤에 숨어 있는 샘을 찾아 내지 못했습니다.

"헤헤, 이제 됐다. 아버지를 따돌렸으니 톰한테 가야지."

샘은 학교에 가다 말고 미시시피 강가로 달려갔습니다.

강가에는 톰 브랭켄십이라는 친구가 샘을 기다리고 있었습니다. 톰은 학교에 다니지 않고 혼자 자유롭게 사는 아이였습니다. 집도 없어 숲 속에서 잠을 잤습니다. 샘은 톰이 늘 부러웠습니다. 자기한테 가족이 없다면 톰처럼 살고 싶었습니다.

'학교는 나한테 감옥이야. 자유를 빼앗고 있으니까. 나는 미시시피 강을 탐험하며 신나게 살고 싶어.'

샘이 나타나자 톰이 웃으며 말했습니다.

"네가 올 줄 알았어. 오늘은 해적 놀이를 할까?"

"좋아. 해적인 우리가 타고 다닐 배를 만들자."

샘과 톰은 숲 속에 들어가 나무를 베었습니다. 그리고 뗏목을 만들었습니다.

"우리는 천하무적, 용감한 해적이다. 보물을 찾으러 가자!"

샘과 톰은 뗏목을 강물에 띄웠습니다. 그리고 천천히 노를 저어 갔습니다.

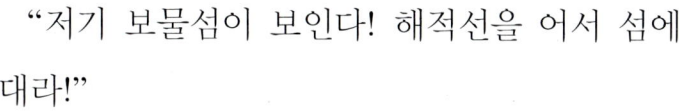

"저기 보물섬이 보인다! 해적선을 어서 섬에 대라!"

두 아이는 뗏목을 타고 가서 섬에 닿았습니다. 그 섬은 사람이 살지 않는 섬이었습니다. 그곳에는 동굴도 있었습니다.

"보물은 동굴에 숨겨져 있을 거야. 동굴을 탐험하자!"

샘과 톰은 동굴 안으로 들어섰습니다.

그러나 곧 동굴에서 뛰쳐나오고 말았습니다. 박쥐들이 샘과 톰에게 덤벼들었던 것입니다.

샘은 학교에 가지 않고 톰과 해적 놀이를 즐겨 했습니다. 배가 고프면 물고기나 거북을 잡아먹고, 더위에 지치면 강물에 뛰어들어 수영을 했습니다. 어떤 날은 숲 속에서 나무칼과 화살을 만들어 인디언 놀이를 하기도 했습니다.

샘은 마크 트웨인의 어릴 적 이름입니다. 마크 트웨인은 이 때의 경험을 살려 《톰 소여의 모험》, 《허클베리 핀의 모험》 등의 걸작 소설을 썼습니다. 이 작품들은 미시시피 강변의 작은 마을을 배경으로 하여 남북 전쟁 이전의 시절을 재미있게 그렸습니다. 특히 《허클베리 핀의 모험》의 주인공 허클베리 핀은 마크 트웨인의 어릴 적 친구인 톰 브랭켄십이 그 모델이었습니다. 톰 브랭켄십은 소설에서와는 달리 착실히 공부하여 마을의 치안 판사가 되었다고 합니다.

마크 트웨인의 아버지는 잡화점을 하며 마을의 치안 판사를 겸하고 있었습니다.

그런데 마크 트웨인이 열세 살 때 폐렴에 걸려 세상을 떠나고 말았습니다. 마크 트웨인은 말썽만 부려 아버지의 속을 썩인 것이 후회가 되었습니다. 그래서 어머니께 이렇게 다짐했습니다.

"어머니, 다시는 말썽을 부리지 않을게요. 그리고 언제나 어머니 말씀을 따를게요."

아버지가 세상을 떠나자, 마크 트웨인은 학교를 그만두어야 했습니다. 집안 살림이 몹시 어려워졌기 때문입니다.

그는 인쇄소에 들어가 일을 배웠습니다. 경험이 없다고 처음 2년 동안은 월급 한 푼 받지 못했습니다. 그 대신 주인에게 옷 두 벌을 받았습니다. 새 옷도 아니고 주인이 입던 옷이었습니다. 너무 커서 줄여 입어야 했습니다.

어느 날, 마크 트웨인은 길을 가다가 종이 한 장을 주웠습니다. 바람에 날려 그의 발밑에 떨어진 것입니다.

"이게 뭐지?"

종이를 보니 책에서 찢겨진 것이었습니다. 그 책은 잔 다르크의 전기였습니다.

종이에는 잔 다르크가 루안 성에 갇혀서 고생하는 이야기가 적혀 있었습니다.

'아, 어린 소녀가 엄청난 형벌을 당했구나. 그런데 잔 다르크가 누구지? 처음 듣는 이름이네.'

마크 트웨인은 잔 다르크에 대해 알고 싶었습니다. 그래서 그 날부터 도서관과 서점을 뒤져 잔 다르크에 대한 책을 모조리 구해서 읽었습니다.

잔 다르크가 누군지 알고 나니 자신도 잔 다르크에 대한 책을 쓰고 싶어졌습니다. 그는 그로부터 4년이나 흐른 1896년에야 드디어 그 소원을 이루게 되는데, 이 책이 바로 《잔 다르크의 추억》입니다.

마크 트웨인에게는 길에서 주운 종이 한 장이 인생의 중요한 계기가 되었습니다. 잔 다르크에 대한 책들을 읽으면서 역사에 관해 흥미를 갖게 되었고, 글을 쓰고 싶어져 결국 작가의 길로 들어서게 되었기 때문입니다.

얼마 뒤, 큰형인 오라이언이 『웨스턴 유니언』이라는 주간 신문을 창간했습니다.

마크 트웨인은 동생 헨리와 식자공이 되어 형의 일을 도왔습니다.

어느 날, 신문 구독자로부터 편지 한 통이 신문사로 날아들었습니다. 마크 트웨인이 읽어 보니 이런 내용이었습니다.

신문사에서 보내 주는 신문을 잘 받아 보고 있습니다. 그런데 오늘 신문을 보니 거미 한 마리가 앉아 있군요. 이것이 좋은 일인지 나쁜 일인지 알려 주시기 바랍니다.

마크 트웨인은 즉시 펜을 들어 답장을 썼습니다.

결론부터 말씀드리겠습니다. 신문에 앉아 있는 거미를 본 것은 좋은 일도 나쁜 일도 아닙니다. 다만 이것만은 분명히 알아 두시기 바랍니다. 거미는 우리 신문에 실린 광고를 열심히 읽는 독자입니다. 그런데 우리 신문에 광고를 내지 않은 한가한 가게를 알아내어, 그 곳을 찾아간 것이지요. 천장에 거미줄을 치고 남은 삶을 조용히 살고 싶어서요.

신문사는 잘 되지 않았습니다.

신문은 팔리지 잘 않았고 구독료도 걷히지 않아 재정난에 시달렸습니다.

1853년 마크 트웨인은 다른 일자리를 찾아 동부로 갔습니다. 세인트루이스의 이브닝 뉴스, 필라델피아의 인콰이얼러, 퍼블릭 레저 등에서 식자공으로 일하다가 1854년 여름에는 아이오와 주로 왔습니다.

이 때 오라이언은 아이오와 주의 키오쿡에서 신문을 발행하고 있었습니다.

"샘, 내 일 좀 도와줘라."

마크 트웨인은 형의 부탁을 받고 2년간 일을 도왔습니다.

1856년 마크 트웨인은 신문에 난 기사를 읽고 가슴이 설레었습니다.

'해군 중위인 윌리엄 루이스 헌든이 아마존을 탐험했다고? 아, 나도 아마존으로 가고 싶다. 대자연의 밀림 속을 탐험하고 싶어.'

마크 트웨인은 당장 아마존으로 떠나고 싶었습니다. 그러나 모아 놓은 돈이 없었습니다. 형의 신문사가 여전히 어려워 월급을 제대로 받지 못했기 때문이었습니다.

마크 트웨인은 형에게 말했습니다.

"형, 여행 자금을 마련하기 위해서는 다른 인쇄소에 가서 일을 해야겠어. 형을 계속 도와 주지 못해서 미안해."

마크 트웨인은 형에게 작별 인사를 하고 신시내티로 갔습니다. 그리고는 그 곳에서 몇 달 동안 식자공으로 일하여 돈을 모았습니다.

1857년 4월, 마크 트웨인은 뉴올리언스로 가기 위해 배에 올라 탔습니다. 그 배는 미시시피 강을 오가는 폴 존스 호였습니다.

마크 트웨인은 배 안에서 호레이스 빅스비라는 사람과 친해졌습니다. 빅스비는 뱃길 안내원으로 일하고 있었습니다.

배가 뉴올리언스에 도착하자, 마트 트웨인은 브라질의 아마존

강으로 가는 배편을 알아보았습니다.

"뭐, 뭐라고요? 여기서는 아마존 강으로 가는 배가 없다고요?"

마크 트웨인은 맥이 빠졌습니다. 아마존으로 갈 수 없다니 허탈하기만 했습니다.

마크 트웨인은 부둣가를 서성대다가 빅스비를 다시 만날 수 있었습니다. 빅스비는 땀을 뻘뻘 흘리며 배에서 짐을 내리고 있었습니다. 마크 트웨인은 그에게 다가가 조심스럽게 입을 열었습니다.

"빅스비 씨, 부탁이 있습니다. 저를 뱃길 안내원 조수로 써 주세요."

그러자 빅스비는 한 마디로 거절했습니다.

"안 돼. 뱃길 안내원이 쉬운 일인 줄 알아? 지도가 없어 뱃길을 몽땅 외워야 해. 그래야 밤에도 배를 몰 수가 있지. 뱃길 안내원이 되려면 면허 시험에 붙어야 하는데, 시험이 무척 어려워. 게다가 일 년 반 동안 조수 노릇을 해야 해. 이 때는 먹여 주고 재워 주기만 할 뿐, 월급 한 푼 주지 않아."

"괜찮아요. 뱃길 안내원이 될 수 있다면 그 정도 고생은 각오해야지요. 제발 저를 조수로 써 주세요."

마크 트웨인은 빅스비에게 매달렸습니다. 그러자 빅스비는 마지못해 허락했습니다.

마크 트웨인은 뱃길 안내원 조수가 되어 일을 배우기 시작했습니다.

빅스비의 말대로 그것은 쉬운 일이 아니었습니다. 미시시피 강 전체의 지리를 머릿속에 담아서, 밤에도 대낮처럼 능숙하게 배를 몰 줄 알아야 하기 때문이었습니다.

마크 트웨인은 착실히 일을 배워 1859년에는 면허를 땄습니다. 그리고 정식으로 뱃길 안내원이 되었습니다.

"내가 살아온 날을 되돌아보면 뱃길 안내원을 했던 시절이 가장 즐겁고 보람이 있었다."

그는 뒷날 이 때를 떠올리며 이렇게 말했습니다.

마크 트웨인이라는 이름은 뱃사람들이 쓰는 말을 따서 붙인 이름입니다.

그것은 '물 깊이 두 길'을 뜻했습니다. 뱃길 안내원이 물의 깊이를 재며 "마크 트웨인!" 하고 외치면, 물 깊이가 두 길이니 가까스로 배를 몰 수 있다는 뜻이었습니다.

마크 트웨인은 즐거운 마음으로 배에서 일했습니다. 그는 그 시절 흑인, 농장 주인, 금광 노동자 등 온갖 종류의 사람들을 만났습니다.

이 경험들은 뒷날 소설을 쓸 때 많은 도움이 되었습니다. 그의 소설에 나오는 사람들은 대부분 이 때 배 안에서 만난 사람들이

었던 것입니다.

　그러나 뱃길 안내원 생활은 4년을 채우고 끝이 났습니다. 1861년 남북 전쟁이 일어나 미시시피 강의 증기선 운행이 중단되었기 때문이었습니다.

　마크 트웨인이 사는 미주리 주는 남부 연합국에 소속되어 있었습니다. 주지사는 북부 연방국의 공격을 받게 되자, 5만 명을 동원하여 민병대를 만들었습니다.

　마크 트웨인은 고향을 지키겠다며 친구들과 민병대의 마리언 유격대에 가담했습니다.

　이 때 그는 중위 계급장을 달고 유격대 부관이 되었습니다.

　그러나 민병대는 전투 한 번 제대로 치르지 못했습니다. 구식 엽총에 군복도 없었으며 작전 명령을 내리는 지휘관도 없었습니다. 언제나 후퇴하기에 바빴습니다.

　그러던 어느 날 밤이었습니다. 민병대는 어느 들판에 진을 치고 있었습니다. 밤이 이슥해졌을 때, 어둠을 가르는 말발굽 소리가 들렸습니다.

　어느 젊은 남자 한 명이 말을 타고 민병대 쪽으로 달려오고 있었습니다.

　민병대 대원들은 북군인 줄 알고 일제히 총을 들었습니다. 그리고 방아쇠를 당겼습니다.

"타앙!"

남자는 총을 맞고 말에서 떨어졌습니다. 그는 피를 흘리며 몸부림치더니 부인과 자식들의 이름을 애타게 불렀습니다.

마크 트웨인은 이 소리를 듣고 가슴이 무너져 내렸습니다.

'이 얼마나 끔찍한 일인가. 원수 사이도 아닌 모르는 사람들끼리 서로 총부리를 겨눠야 하다니! 죽어 가는 저 남자에게는 사랑하는 가족이 있지 않은가. 이것은 사람이 할 짓이 아니야. 우리는 모두 살인자가 되었잖아.'

절망감을 느낀 그는 가벼운 부상을 핑계로 민병대에서 나와 버렸습니다. 군대 생활을 2주일 만에 끝내 버린 것입니다.

그 때 마침 형 오라이언이 네바다 주의 관리로 임명되어 서부로 떠나려 하고 있었습니다.

마크 트웨인은 형과 함께 서부에서 일하기로 하고 함께 길을 떠났습니다.

그러나 그에게는 다른 속셈이 있었습니다. 네바다의 광산에서 은을 캐내어 떼돈을 벌겠다는 것이었습니다.

하지만 마크 트웨인은 네바다에 가서 은광을 발견하지 못했습니다. 은광을 찾으려고 여러 날을 헤매 다녔지만 끝내 실패였습니다.

'이렇게 된 이상 할 수 없군. 돈이 아쉬우니 신문에 글이나 써

야겠다.'

1862년 마크 트웨인은 버지니아 주의 『테리토리얼 엔터프라이즈』 신문에 글을 쓰기 시작했습니다.

신문사 사장이자 주필인 조지프 굿맨의 인정을 받아 사회부 기자가 된 것입니다.

1863년 2월 2일부터는 마크 트웨인이라는 필명으로 신문 기사를 썼습니다. 그는 이 필명을 평생 사용했습니다.

1864년 봄, 마크 트웨인은 샌프란시스코로 가서 『모닝콜』 신문에서 잠시 일했습니다. 그리고는 『테리토리얼 엔터프라이즈』 신문의 샌프란시스코 특파원으로 활동했습니다.

마크 트웨인이 작가로 첫발을 내딛은 것은 1867년 11월이었습니다.

뉴욕 잡지 『새터데이 프레스』에 단편 소설 《캘리베러스의 명물, 뜀뛰는 개구리》를 발표했는데, 독자들에게 큰 인기를 얻었던 것입니다.

마크 트웨인은 그 뒤 신문사 특파원으로 외국을 돌아다니며 여행기를 써서 《철부지의 해외 여행기》를 1869년에 펴냈습니다.

마크 트웨인의 여행기는 뛰어난 유머와 문제 의식으로 폭발적인 인기를 모았습니다. 마크 트웨인은 이 책으로 미국에서 가장 사랑받는 작가가 될 수 있었습니다.

1870년 2월 2일, 그는 동부의 석탄업자로 큰 부자인 제비스 랭던의 딸 올리비아와 결혼식을 올렸습니다.

마크 트웨인은 올리비아에게 결혼 승낙을 얻기까지 엄청난 노력을 기울여야 했습니다. 184통의 연애 편지를 보냈으며 수십 번의 청혼을 했습니다. 청혼할 때마다 늘 거절을 당했기 때문이었습니다.

심지어 매일 기도하겠다, 욕을 하지 않고 고운 말을 쓰겠다, 매달 300개비 피우던 담배를 30개비로 줄이겠다는 등 여러 가지 다짐을 하기도 했습니다.

그리고 올리비아의 부모에게는 자신이 매달 얼마씩 돈을 벌고 있으며, 어떤 희망을 가지고 살아가는지를 편지에 적어서 보냈습니다.

마크 트웨인은 그런 끈질긴 노력 끝에 올리비아를 신부로 맞아들일 수 있었던 것입니다.

올리비아는 작가의 아내로서 대단히 성실했습니다.

남편이 쓰는 원고를 읽고 의견을 말하거나 원고 교정을 봐 주었습니다. 그래서 마크 트웨인은 그 날 쓴 원고를 밤마다 아내의 머리맡에 놓아 두었습니다. 그러면 아내는 그 원고를 자기 전에 읽고 의견을 말하거나 교정을 봐 주었던 것입니다.

마크 트웨인은 행복한 결혼 생활을 하면서 활발한 작가 활동을 펼쳤습니다.

그는 1876년 《톰 소여의 모험》, 1882년 《왕자와 거지》, 1883년 《미시시피 강의 생활》, 1884년 《허클베리 핀의 모험》 등 대표 작품들을 차례로 발표했습니다.

그러나 마크 트웨인은 50대가 되면서 경제적인 어려움을 겪어야 했습니다. 책이 잘 팔려 많은 돈을 벌었지만, 이런 저런 사업을 벌이다가 실패해 많은 빚을 졌기 때문이었습니다.

1893년 마크 트웨인은 파산의 위기에 빠졌습니다. 하지만 그는 절망하지 않고 열심히 작품을 썼습니다.

그리고 세계 여러 나라를 돌아다니며 강연을 했습니다. 그렇게 해서 벌어들인 많은 돈으로 그는 마침내 모든 빚을 갚을 수 있었습니다.

마크 트웨인은 죽기 1년 전에 이런 말을 했습니다.

"나는 1835년생입니다. 핼리 혜성과 함께 이 세상에 왔지요. 1910년인 내년에 핼리 혜성이 다시 찾아온다는군요. 그 때 나는 이 별과 함께 이 세상을 떠날 것입니다."

마크 트웨인의 예언은 그대로 이루어졌습니다.

핼리 혜성이 다시 찾아온 1910년에 그는 조용히 이 세상을 떠났던 것입니다.

그래서 어느 학자는 마크 트웨인에 대해 이렇게 말했습니다.

"마크 트웨인은 외계인이었다."

이 말을 믿을 사람은 아무도 없겠지만, 그는 혜성같이 나타나서 세계를 뒤흔든 미국의 대표적인 작가임에는 틀림없습니다.

학자·사상가편

성인으로 불리는 학자
맹자

민주주의의 아버지
루소

성인으로 불리는 학자

맹자
(기원전 372~기원전 289)

성은 맹(孟), 이름은 가(軻), 자는 자여(子輿) 또는 자거(子車:또는 子居), 시호는 추공(鄒公). 아버지를 일찍 여의고 현모(賢母)의 손에서 자라났으며, 공자의 손자인 자사(子思)의 문하생에게서 공자의 유교 사상을 배웠다. 후에 많은 제자들을 길러 냈으며, 기원전 327년부터 제자들을 데리고 여러 나라를 돌아다니며 왕들을 만나, 패도를 버리고 왕도 정치를 하라고 조언했다. 그의 조언이 받아들여지지 않자 15년 만에 고향으로 돌아와 제자 교육에 전념했다. 뒷날 맹자의 제자들이 맹자와 왕들, 제자들의 문답 내용을 모아 《맹자》를 간행했는데, '4서(四書)' 의 하나로서 오늘날까지 읽혀져 오고 있다.

맹자는 기원전 372년에 지금의 산동성 추현에 있었던 작은 나라인 '추'에서 태어났습니다.

맹자의 본이름은 '가'이고, 자는 '자여' 또는 '자거'라고 하는데 확실하지 않습니다.

맹자는 어려서부터 어머니와 단둘이 살았습니다. 맹자가 네 살 때 아버지가 세상을 떠났기 때문입니다.

맹자와 어머니는 처음에 공동 묘지 근처에 있는 마을에 집을 얻어 살았습니다.

맹자는 아침을 먹고 나면 집 밖으로 나가 마을의 아이들과 어울려 놀았습니다.

하루는 맹자가 밖에서 노는 것을 보고 어머니는 깜짝 놀랐습니다. 맹자가 상여를 메고 가는 흉내를 내는 것이었습니다.

'공동 묘지 옆이라서 아이들이 보고 배우는 것이 장례식뿐이구나. 여기는 자식 기를 만한 곳이 못 되겠다.'

어머니는 이렇게 생각하고 시장 옆으로 이사를 갔습니다.

그런데 이사한 지 며칠 안 되었을 때, 어머니는 맹자가 아이들과 어울려 노는 것을 보고 한숨을 내쉬었습니다. 맹자가 장사꾼 흉내를 내며 노는 것이었습니다.

'이사를 잘못 왔구나. 여기도 안 되겠어.'

어머니는 어디로 이사 갈까 곰곰이 생각하다가 서당 근처로 이

사를 갔습니다. 며칠 뒤, 어머니는 맹자가 동네 아이들과 노는 모습을 보았습니다.

"하늘 천, 따 지, 검을 현, 누를 황……."

맹자는 무릎을 꿇고 앉아 글 읽는 흉내를 내고 있었습니다.

그 모습을 보는 순간, 어머니는 입가에 잔잔한 미소가 번졌습니다.

'이사 오길 잘했다. 이 곳이야말로 아이를 기를 만한 곳이로구나.'

어머니는 마음이 흡족했습니다. 이제야 비로소 안심이 되었습니다.

어머니는 맹자가 스스로 공부할 수 있는 나이가 될 때까지 그 곳에서 살았다고 합니다.

자식을 올바르게 가르치려고 맹자의 어머니가 이렇게 세 번 이사한 것을 '맹모삼천(孟母三遷)'이라고 합니다. 교육에는 환경이 중요하다는 것을 일깨워 주는 말이지요.

맹자는 일곱 살 때부터 동네에 있는 서당에 다녔습니다. 남들보다 열심히 공부하여 실력이 쑥쑥 늘었습니다.

그러던 어느 날, 서당에서 돌아온 맹자는 눈을 동그랗게 뜨고 어머니에게 물었습니다.

"어머니, 이웃집에서 돼지를 잡는 것을 보았어요. 무슨 좋은 일이 있나요? 왜 돼지를 잡는 거죠?"

"으응, 그건 말이다. 네가 공부를 잘한다고 고기를 선물로 주려고 돼지를 잡는 거란다."

어머니는 이렇게 대답하고 아차 싶었습니다. 자신도 모르게 거짓말을 한 것입니다.

'이런, 내가 실수를 했구나. 이를 어쩌지?'

어머니는 곰곰이 생각해 보더니 이웃집으로 가서 고기를 얻어 왔습니다. 그리고 아들에게 요리를 해 주었습니다.

맹자가 열두 살이 되었을 때였습니다. 서당 훈장 선생님이 맹자를 불러 말했습니다.

"맹가야, 너한테는 이제 더 이상 가르칠 것이 없구나. 어머니께 말씀드려 더 좋은 선생님을 찾아가 배우도록 해라."

맹자는 집으로 돌아와 선생님 말씀을 그대로 전했습니다.

그러자 어머니는 집을 떠나 먼 길을 다녀와서 맹자에게 말했습니다.

"공자님의 손자 되는 자사의 문하생이었던 분을 만나 뵙고 왔다. 너를 제자로 받아 주신다고 했으니, 내일 당장 그 분한테 가서 배우도록 해라."

"분부대로 하겠습니다, 어머니."

맹자는 어머니의 뜻에 따라 자사의 문하생이 살고 있는 노나라의 수도인 곡부로 유학을 떠나 열심히 글공부를 했습니다.

그런데 삼 년쯤 지나자 맹자는 집 생각이 간절해졌습니다. 어머니가 보고 싶어 견딜 수가 없었습니다. 그래서 맹자는 스승을 찾아가서 말했습니다.

"선생님, 고향에 다녀왔으면 합니다. 어젯밤 꿈에 어머니를 뵈었는데, 슬픈 표정으로 저를 물끄러미 바라보기만 하셨어요. 아무래도 어머니한테 무슨 일이 생긴 것 같습니다."

"흠, 그래? 어머니를 생각하는 걸 보니 과연 효자로구나. 어서 다녀오너라."

맹자는 스승의 허락을 받고 다음 날 일찍 길을 떠났습니다. 그리고 며칠 만에 고향 마을에 다다랐습니다.

어머니는 베틀에 앉아 베를 짜고 있었습니다.

맹자가 나타나자 어머니가 물었습니다.

"공부는 다 마쳤느냐?"

"아닙니다. 어머니가 보고 싶어 잠시 다니러 왔습니다. 하룻밤만 자고 가겠습니다."

맹자의 대답에 어머니는 말없이 가위를 집어 들었습니다. 그러더니 별안간 짜고 있던 베를 가위로 싹둑 잘라 버리는 것이었습니다.

"어머니!"

맹자가 놀라서 소리쳤습니다.

"힘들여서 짠 베를 왜 아깝게 잘라 버리세요?"

맹자는 안타까운 눈길로 어머니를 바라보았습니다.

어머니가 말했습니다.

"공부도 이와 같단다. 하다가 도중에 그만두면 짜 놓은 베를 잘라 버리는 것과 다를 바가 없지."

맹자는 어머니의 말을 듣고 자기 잘못을 깨달았습니다. 그래서 그 길로 다시 집을 떠나 스승의 집으로 돌아갔습니다.

세상 사람들은 짜고 있던 베의 날을 끊어 아들을 깨닫게 한 이 일을 '단기지계(斷機之戒)'라고 불렀습니다. 공부를 도중에 그만두는 것은 짜고 있던 베의 날을 끊은 것과 같다는 뜻으로, 학문은 중도에 그만둠이 없이 꾸준히 계속해야 한다는 말입니다.

그 뒤 맹자는 어머니의 교훈을 생각하며 열심히 공부했습니다. 그리하여 공자 다음 가는 성인이자 학자가 될 수 있었습니다.

맹자는 스승에게 공자의 학문을 배웠습니다. 그는 공자의 뜻을 이어받아 공자의 정통 유학을 크게 발전시켰습니다.

맹자는 젊은 시절부터 뛰어난 학자로 세상에 널리 알려졌습니다. 그래서 많은 사람들이 가르침을 얻으려고 맹자를 찾아왔습니다. 맹자는 이들을 제자로 삼고 열심히 학문을 가르쳤습니다.

당시는 제후들이 스스로 왕이라 칭하며 중국 천하를 차지하려고 서로 싸우던 전국 시대였습니다. 제나라, 양나라, 송나라, 노나라 등 여러 나라의 왕들은 유능한 인재를 찾고 있었습니다. 저마다 나라의 힘을 키우기 위해서였습니다.

맹자는 기원전 320년부터 제자들을 데리고 여러 나라를 돌아다녔습니다. 그는 왕들을 만나 패도를 버리고 왕도 정치를 하라고 조언했습니다. 패도란 인의(仁義:어짊과 의로움)를 무시하고 무력이나 권모술수(남을 교묘하게 속이는 술책)로 나라를 다스리는 일을 말합니다. 또한, 왕도는, 임금은 마땅히 인덕(어진 덕)을 근본으로 천하를 다스려야 한다는 정치 사상을 뜻합니다.

맹자가 양나라에 갔을 때의 일입니다.

양나라 혜왕은 맹자를 왕궁으로 초대하여 극진히 대접한 뒤 이렇게 물었습니다.

"백성을 먼저 생각하는 정치를 하라고 가르친다면서요?"

"예, 그렇습니다."

"그렇다면 나야말로 백성들을 생각하는 정치를 하고 있지요. 예를 들어, 하내 지방에 흉년이 들면 그 지방 백성들을 하동 지방으로 옮겨 살 길을 마련해 주고 있다오. 거꾸로 하동 지방에 흉년이 들면 그 지방 백성들을 하내 지방으로 옮겨 굶는 사람이 없게 하고……. 내가 이렇게 백성들을 위해 마음을 쓰고 있는데, 우리 양나라 백성이 늘지 않는 것은 무슨 까닭이오?"

"이웃 나라 백성들도 줄어들진 않겠지요?"

"물론이오. 내가 백성들을 잘 다스린다고 소문이 났을 텐데, 어째서 백성들의 수가 그대로인지 모르겠소."

혜왕이 불만을 털어놓자 맹자가 말했습니다.

"전하께서는 전쟁을 아주 좋아하시지요? 그럼 전쟁을 예로 들어 말씀드리겠습니다. 어느 싸움터에서 겁을 집어먹은 병사들이 달아나기 시작했습니다. 그런데 50보 달아난 병사가 100보 달아난 병사를 보더니 겁쟁이라고 비웃는 겁니다."

"50보나 100보나 무슨 차이가 있다고······. 달아나기는 마찬가지 아니오?"

"예, 그렇습니다. 전하께서 그것을 아신다면 백성들이 늘어나지 않는다고 불평하지 마십시오."

맹자의 말에 혜왕은 입을 다물고 말았습니다.

맹자가 지적한 것은, 혜왕 역시 부국강병(나라의 경제력을 넉넉하게 하고, 군사력을 튼튼하게 하는 일)을 지향하기 때문에 다른 나라와 크게 다를 것이 없다는 것이었습니다.

그래서 약간의 차이는 있으나 본질적으로 같다는 '오십보백보'라는 말이 생겨나게 된 것이랍니다.

어느 날, 제나라 선왕이 맹자를 왕궁으로 불렀습니다.

"어서 오시오. 내가 그대를 부른 것은 춘추 시대를 주름잡은 왕들에 대한 이야기를 듣고 싶어서요."

"제나라 환공, 진나라의 문공, 초나라의 장왕, 송나라의 양공, 진나라의 목공에 대해서 말입니까?"

"그렇소."

맹자는 말없이 선왕을 바라보더니 이렇게 물었습니다.

"어째서 전하께서는 전쟁을 일으키려 하십니까? 병사들과 백성들의 목숨을 위협하고, 이웃 나라와 원수가 되는 일인데……."

"나는 전쟁을 좋아하지 않소. 그런데도 전쟁을 하는 것은 내 나름대로 뜻이 있어서요."

"그 뜻이 무엇인지 말씀해 주시겠습니까?"

그러나 선왕은 웃기만 할 뿐 대답하지 않았습니다.

맹자가 다시 물었습니다.

"전하께서는 땅을 넓히고, 진나라나 초나라 같은 큰 나라를 거느리며 천하를 지배하고 싶으시지요?"

선왕은 이번에도 웃기만 할 뿐 대답하지 않았습니다.

"전하의 뜻이 그러하시다면 그것은 마치 나무에 올라가 물고기를 구하는 것과 같습니다."

맹자의 말에 선왕은 깜짝 놀라는 표정을 지었습니다.

"아니, 그게 그렇게 얼토당토않은 일이오?"

"그렇습니다. 나무에 올라가 물고기를 구하는 것은, 물고기를 얻지 못하더라도 재앙이 따르진 않습니다. 그렇지만 전하께서 바라는 일은 백성들을 괴롭히고 나라를 망하게 합니다."

맹자는 선왕에게 무력으로 하는 정치를 그만두고 인의를 바탕으로 한 정치를 하라는 의미로 '연목구어(緣木求魚)'라는 말을 통해 충고했던 것입니다. 연목구어는 나무에 올라가 물고기를 구한다는 뜻으로, 되지도 않을 엉뚱한 소망을 비유하여 이르는 말입니다.

맹자는 이렇게 왕들을 만나 백성들을 생각하는 정치를 하라고 간곡하게 말했습니다.

그러나 왕들은 맹자의 말을 귀담아 듣지 않았습니다. 그들은 이웃 나라를 쳐서 땅을 넓히는 일에만 관심이 있었습니다. 그래서 언제나 군사력을 기르고 전쟁을 일으킬 궁리만 하고 있었습니다.

"참으로 어지러운 세상이로구나. 하늘은 아직 이 세상을 평안하게 하려 하지 않으니!"

맹자는 이렇게 탄식하며 고향으로 돌아왔습니다. 기원전 312년, 그의 나이 61세 때였습니다.

맹자는 고향에서 제자들을 가르치며 지내다가 기원전 289년에 세상을 떠났습니다.

공손추, 만장 등 맹자의 제자들은 맹자가 왕, 제자들과 주고 받

은 이야기를 모아 책으로 펴냈습니다. 이것이 《맹자》 7편입니다. 이 책은 성리학자인 주희가 1190년 《대학》, 《중용》, 《논어》와 함께 유교 경전으로 발간하여 '4서'의 하나로서 오랫동안 읽혀져 오고 있습니다.

맹자는 성선설을 주장했습니다. 성선설은 사람은 누구나 착하게 태어나며, 사람이 나쁜 짓을 하는 것은 욕심 때문이라고 했습니다.

그런데 50년 후배인 순자라는 철학자는 성악설을 주장했습니다. 성악설은, 사람은 누구나 악하게 태어난다는 것입니다. 따라서 적절한 교육이나 수양 등을 통해 '선'을 배워야 한다고 했습니다.

맹자의 가르침은 후세에까지 전해져 유교의 정통 사상으로 계승되었습니다. 그리하여 유교를 '공맹지교(孔孟之敎;공자와 맹자의 교)'라고 부를 정도로 중요시되었습니다.

민주주의의 아버지

루소
(1712~1778)

가난한 시계 수리공의 아들로 스위스 제네바에서 태어나, 17세 때 제네바를 떠나 후원자인 바랑 부인을 만났다. 바랑 부인의 집에서 독학으로 학문의 기초를 닦은 뒤, 1742년 파리로 가서 《백과 사전》 만드는 일에 참여했다. 1749년 디종 아카데미의 논문 모집에 《학문예술론》을 응모하여 당선됨으로써 학자로 첫발을 내딛었으며, 《인간불평등 기원론》, 《사회계약론》 등의 논문을 잇달아 써서 손꼽히는 사상가가 되었다. 특히 1762년 발표한 《에밀》은 소설과 교육학 논문의 중간 형태로서 목사들에게는 비난을 받았지만, 교양 있는 여성들에게는 찬사를 받았다. 저서로는 《사회계약론》, 《에밀》, 《신(新) 엘로이즈》, 《고백록》, 《루소는 장 자크를 심판한다》, 《고독한 산책자의 몽상》 등이 있다.

날이 저물자 장 자크 루소의 아버지 아이자크는 가게 문을 닫았습니다. 그리고 가게에 딸려 있는 방으로 들어갔습니다. 방에서는 어린 루소가 혼자 책을 읽고 있었습니다.

"아버지, 가게 문 닫으셨어요?"

"그래."

아버지는 프랑스 사람으로 시계 수리공이었습니다. 스위스 제네바의 그랑류에서 시계점을 하며 큰아들 프랑수아, 작은아들 루소, 이렇게 세 식구가 살고 있었습니다.

어머니 슈잔느는 1712년 6월 28일에 루소를 낳았습니다. 그리고 9일 만에 세상을 떠나고 말았습니다.

루소는 어머니의 몫까지 아버지의 사랑을 받으며 자라났습니다. 그러나 가난한 살림 때문에 학교에 다닐 형편이 못 되어, 열 살이 되어서야 겨우 글을 깨우칠 수 있었습니다.

루소는 아버지를 쳐다보았습니다. 아버지의 두 눈에는 눈물이 고여 있었습니다.

"아버지, 또 어머니 생각하셨어요?"

"아, 아니다. 눈에 티가 들어갔나 봐."

아버지는 이렇게 말하며 손등으로 눈물을 훔쳤습니다.

아버지는 어머니를 잊지 못하고 있었습니다. 그래서 자주 어머니 생각을 하며 뜨거운 눈물을 흘렸습니다.

"무슨 책을 그렇게 재미있게 읽니?"

아버지가 묻자 루소는 책을 들어 보였습니다.

"《플루타르크 영웅전》이에요. 읽을수록 재미있어요."

루소는 《플루타르크 영웅전》을 수없이 되풀이해 읽었습니다. 이제는 책을 들여다보지 않아도 내용을 줄줄 외울 정도였습니다.

루소는 글을 깨우친 뒤부터 책 읽는 재미에 푹 빠졌습니다. 그래서 집에 있는 책들을 하나하나 읽어 나가고 있었습니다.

그러던 어느 날이었습니다. 아버지가 밖에 나갔다가 어두운 얼굴로 돌아왔습니다. 아버지는 한숨을 깊게 쉬고는 루소에게 말했습니다.

"어쩌면 좋니? 프랑스 군 대위와 말다툼을 벌이다가 홧김에 칼을 뽑아 들었단다. 그래서 그 일로 고발을 당했는데, 곧 병사들이 나를 잡으러 올 거야."

"아버지, 붙잡히기 전에 어서 달아나세요. 감옥에 갇혀서 고생하지 마시고요."

"알았다. 당분간 몸을 피해 있을 테니, 너는 외삼촌 집에 가 있어라."

루소와 프랑수아 형제는 그렇게 아버지와 헤어지게 되었습니다.

아버지가 프랑스 리옹으로 달아나자, 루소는 외삼촌 집으로 들어갔습니다. 그리고 프랑수아는 일자리를 얻었습니다.

루소는 외삼촌 집에서 2년쯤 지내다가 뒤코망이라는 조각가의 조수로 들어갔습니다.

뒤코망은 성질이 고약하고 사나웠습니다. 비위가 상하면 조수들을 야단치고 마구 때렸습니다.

루소는 조수 생활이 너무 힘들고 고통스러웠습니다. 그래서 힘든 현실을 잊기 위해서 책을 빌려다 읽었습니다. 동네에는 책방이 있어 돈을 받고 책을 빌려 주었던 것입니다.

어느 날, 루소는 책을 읽다가 뒤코망에게 들키고 말았습니다.

뒤코망은 도끼눈을 뜨고 루소를 쏘아보더니 버럭 고함을 질렀습니다.

"일은 하지 않고 뭐 하는 거야? 누가 책을 읽으라고 했어?"

뒤코망은 화가 머리끝까지 나서 책을 박박 찢어 버렸습니다. 그리고는 몽둥이를 집어 들더니 루소를 흠씬 두들겨 팼습니다.

이런 일이 있고 난 후 루소는 뒤코망이 보는 앞에서는 책을 읽을 수 없었습니다. 깊은 밤에 침대 위에서나, 화장실에 숨어 몰래 책을 읽어야 했습니다.

그렇게 일 년을 보내고 나자 책방 주인이 말했습니다.

"이제 너한테 빌려 줄 책이 없다. 우리 책방에 있는 책을 모두 빌려다 읽었잖아."

"그렇군요. 새 책을 들어오면 그 때 연락을 주세요."

루소는 책을 빌리러 갔다가 빈손으로 나와야 했습니다.

1728년 루소는 17세가 되었습니다. 그는 3월 14일에 두 친구와 같이 성문 밖으로 놀러 나갔습니다. 그 날은 모처럼 쉬는 일요일이었습니다.

여기저기 바쁘게 돌아다니다 보니 어느덧 날이 저물었습니다. 루소는 깜짝 놀라 친구들에게 말했습니다.

"어느 새 이렇게 시간이 많이 흘렀지? 빨리 돌아가자. 성문이 닫히면 밖에서 밤을 새워야 해."

"큰일 났네. 오늘 밤 안에 돌아가지 않으면 주인 아저씨는 우리를 가만두지 않을 거야. 지난번에도 성문 밖에서 밤을 새우고 아침에 들어 갔다가 죽도록 매를 맞았잖아."

"뛰어가자. 그러면 성문이 닫히기 전에 도착할 수 있을 거야."

소년들은 성문을 향해 달리기 시작했습니다.

그러나 성문까지는 5리가 넘는 거리였습니다. 그들은 있는 힘을 다해 달렸지만 성문에 다다르기도 전에 나팔 소리를 들었습니다. 나팔 소리가 울림과 동시에 성문이 닫히게 되어 있었던 것입니다.

"이를 어쩌지? 성문이 닫혀 버렸어."

"내일 아침에 주인 아저씨가 노발대발해서 우리를 때리겠지? 생각만 해도 몸서리쳐지네."

소년들은 풀밭에 주저앉아 긴 한숨을 내쉬었습니다.

루소의 친구들은 곧 잠이 들었습니다. 그러나 루소는 밤 하늘을 올려다보며 깊은 생각에 잠겼습니다.

'주인 아저씨에게 돌아가 봐야 모진 매질과 암울한 미래밖에 없어. 이번 기회에 이 곳을 떠나 넓은 세상으로 나가자. 내가 평생 할 일을 찾아보는 거야.'

이렇게 결심한 루소는 다음 날 아침에 두 친구에게 말했습니다.

"너희들끼리만 가. 나는 주인 아저씨한테 가지 않겠어."

그리고는 두 친구와 헤어져 혼자 길을 떠났습니다.

루소는 방랑자가 되어 이리저리 떠돌아다녔습니다. 발길 닿는 대로 정처없이 걷다가 콩피뇽 지방에 이르렀습니다.

루소는 이 곳에서 퐁베르 신부를 만났습니다. 그는 신부에게 자신의 사정을 털어놓았습니다.

"으음, 갈 데가 없단 말이지? 그러면 아누시 지방에 가서 바랑 남작 부인을 만나 보도록 하게. 마음씨가 착한 분이니까 자네를 도와주실 거야."

친절한 신부는 루소를 위해 소개장까지 써 주었습니다.

루소는 그 소개장을 들고 아누시로 갔습니다. 그래서 바랑 부인을 만나 그녀의 도움으로 수도원에 들어갔습니다.

수도원에 일자리를 얻었지만 그 곳에 오래 머물지 않았습니다.

얼마 뒤 그 곳을 떠나 또다시 방랑의 길에 나섰습니다. 그러다가 백작 집의 하인 노릇을 하는가 하면, 신부가 되려고 신학교에 입학했다가 몇 달 만에 쫓겨나기도 했습니다.

루소는 떠돌이 생활을 할 때, 파리에서 리옹으로 가는 길에 어느 농부의 집에 들러 점심을 얻어먹은 적이 있었습니다.

그 때 농부는 루소의 위아래를 훑어보더니 형편없는 음식을 내놓았습니다. 우유 한 잔과 보리빵 세 조각이 전부였습니다.

그래도 루소는 농부가 고맙기만 했습니다. 사흘째 아무것도 먹지 못해 몹시 배가 고팠던 것입니다.

루소가 허겁지겁 음식을 먹어치우자 농부가 말했습니다.

"당신은 나그네가 틀림없군요. 이제 당신의 신분을 알았으니 제대로 음식 대접을 해 드리지요."

농부는 주방으로 가더니 새 음식을 들고 나왔습니다.

그가 내놓은 음식은 값비싼 포도주에 맛좋은 밀가루 빵과 먹음직스러운 햄이었습니다. 루소는 깜짝 놀라 농부에게 물었습니다.

"어째서 제가 나그네라는 것을 알고 나서야 좋은 음식을 주시는 겁니까?"

"저는 처음에 당신이 관리인 줄 알았어요. 관리들은 우리 농부들이 좋은 음식을 먹고 있다는 걸 알면 무거운 세금을 매기거든요. 조금이라도 재물이 있어 보이면 별의별 구실을 다 붙여 모조리 빼앗아 가요. 그래서 우리는 관리처럼 보이는 사람 앞에서는 못 먹고 못 사는 척 해야 해요."

루소는 농부의 말을 듣고 가슴이 아팠습니다.

'못된 관리들 때문에 농부들이 심한 고생을 하고 있구나. 자신이 땀 흘려 일해 얻은 곡식으로 음식을 만들어도, 죄인처럼 숨어서 먹어야 하다니……. 하지만 관리들을 비롯한 귀족 계층들은 백성들의 재물을 빼앗아 잘 먹고 잘 살고 있다. 이 얼마나 불공평한 일인가? 모든 사람이 자유롭고 평등하게 사는 세상을 만들 수는 없을까?'

루소는 모든 사람은 태어나면서부터 평등하다고 생각했습니다. 그래서 자신이 모든 사람이 자유롭고 평등하게 사는 세상을 만드는 일에 앞장서야겠다고 마음먹었습니다.

　루소는 이 때부터 10년 동안 바랑 부인의 집에서 지내며 책과 더불어 살았습니다. 스승도 없이 혼자 힘으로 배우며 학문의 기초를 닦은 것입니다.

　1742년 8월, 바랑 부인의 집에서 나온 루소는 파리로 갔습니다.

　파리에는 아는 사람이 전혀 없었습니다. 가진 돈도 없어 악보 베끼는 일을 하며 하루하루 어렵게 살아가야 했습니다.

　하지만 그런 가운데서도 학문을 연구하며 많은 학자들을 사귀었습니다. 그 중에는 디드로라는 젊은 학자가 있었는데, 루소는 이 사람과 친하게 지냈습니다. 그리하여 디드로가 작업 중이었던 《백과 사전》 만드는 일에 참여해 음악 항목을 집필하게 되었습니다.

　그 뒤 루소는 우연한 기회에 논문을 쓰게 되었습니다.

　1749년 친구인 디드로가 신을 모독했다는 이유로 감옥에 갇혔을 때였습니다. 루소는 디드로를 면회하러 가는 길에 우연히 잡지를 보았습니다. 잡지에는 디종 아카데미에서 상금을 걸고 학문과 예술에 관한 논문을 모집한다는 광고가 실려 있었습니다.

　루소는 이 광고를 보는 순간, 머릿속에 빛 한 줄기가 지나가는 것 같았습니다.

'아, 그래. 바로 이거야. 내가 그 동안 생각했던 것들을 정리해서 논문으로 쓰는 거야.'

루소는 가슴이 쿵쿵 뛰었습니다. 이제야 비로소 자기 앞에 새로운 세계가 열리는 것 같았습니다. 루소는 《학문예술론》이라는 논문을 써서 당당히 일등으로 뽑혔습니다. 논문의 내용은 '사람은 원래 착하게 태어났지만 사회와 문명 때문에 타락했다.'는 것이었습니다. 따라서 착한 마음을 되찾고 싶으면 '자연으로 돌아가라'고 주장했습니다.

이 말은 유명한 말이 되었습니다. 루소는 논문 한 편으로 하루 아침에 이름난 사상가가 되었으며, 모든 사람들이 루소를 우러러 보았습니다.

그 뒤 루소는 학자로서 자신의 사상을 알리는 논문을 계속 발표했습니다.

1755년에 《인간불평등기원론》, 1762년에는 《사회계약론》, 《에밀》 등의 훌륭한 글을 써서 세상을 놀라게 했습니다.

《에밀》은 한 가정 교사가 부잣집 아들을 가르치는 이야기입니다. 루소는 이 책에 어린이를 어떻게 키워야 할지 새로운 교육론을 자세히 적어 놓았습니다.

그런데 이 책이 출판되자 파리 대학 신학부가 루소를 고발했습니다.

'하느님의 품에 있을 때 모든 것은 선하지만 사람 손으로 넘어오면 망가진다.'는 등의 그 시대 종교와 사상에 어긋나는 주장을 했기 때문이었습니다. 그 결과 《에밀》은 금서가 되어 불에 태워졌고, 루소에게는 법원에서 체포 영장이 내려졌습니다.

이 때부터 루소는 쫓겨 다니는 신세가 되었습니다. 프랑스를 떠나 제네바, 스위스, 빈, 베를린, 런던 등으로 이리저리 옮겨 다니며 살았습니다.

그러다가 1767년 이름을 숨긴 채 프랑스로 돌아왔는데, 악보 베끼는 일을 하며 어렵게 살아가야 했습니다. 당장 먹고 살 길이 막막했기 때문입니다.

그렇게 힘든 가운데서도 루소는 《루소는 장 자크를 심판한다》, 《고독한 산책자의 몽상》 등을 썼습니다.

가난에 시달리던 루소는 1778년 7월 2일, 66살의 나이로 삶을 마감했습니다.

그로부터 11년 뒤 프랑스 혁명이 일어날 수 있었던 것은 루소의 사상이 국민들의 마음을 움직였기 때문이었습니다. 이 때부터 루소는 '민주주의의 아버지'라고 불리게 되었습니다.

교육자 · 사회사업가편

교육의 성자
페스탈로치

적십자 운동의 아버지
앙리 뒤낭

장애인들의 빛이 된 사랑의 천사
헬렌 켈러

교육의 성자

페스탈로치
(1746~1827)

스위스 취리히에서 태어나 칼롤라이나 대학에서 신학을 공부했다. 1769년 빌페르트에 땅을 사서 농사를 지으며 노이호프라는 농민 학교를 세워 고아, 거지 아이 등 버려진 아이들을 돌보았다. 낮에는 아이들과 함께 농사, 방적(동식물의 섬유를 가공하여 뽑는 일), 베짜기 등의 일을 하고 밤에는 아이들에게 교육을 시켰는데 이 사업은 실패하고 말았다. 1781년부터 이 때의 경험을 바탕으로 글을 쓰기 시작하여 《숨은 이의 저녁때》, 《린하르트와 게르트루트》 등의 교육 소설을 발표했다. 1798년 슈탄스 지방에 고아원을 세워 고아들을 돌보고, 그 뒤 부르크도르프, 이페르텐 지방에 초등학교를 세워 아이들을 가르쳤다.

스위스 부르크도르프의 거리에서 아이들이 뛰어 놀고 있었습니다. 아이들은 누덕누덕 기운 옷을 입고 있었습니다.

그 때 한 할아버지가 거리로 들어섰습니다. 할아버지는 걸음을 멈추고 아이들이 노는 모습을 지켜 보았습니다. 그러더니 갑자기 허리를 굽혀 무엇인가를 열심히 줍기 시작했습니다.

이 때 근처를 순찰하던 경찰관이 할아버지를 보았습니다.

'뭐 하는 할아버지지? 수상한데.'

경찰관은 할아버지에게 다가가서 물었습니다.

"무엇을 주워 주머니 속에 넣으시는 겁니까? 보여 주세요."

할아버지는 허리를 펴며 대답했습니다.

"별것 아닙니다. 보여 드릴 만한 것이 못 되는데……"

"그건 할아버지 생각이고요. 저는 꼭 봐야겠습니다."

경찰관이 고집을 부리자, 할아버지는 할 수 없이 주머니에 손을 넣었습니다. 그리고는 주머니 속에 있는 것을 꺼내 보였습니다.

"아니, 이것은?"

경찰관은 눈이 휘둥그레졌습니다. 할아버지가 보여 준 것은 몇 개의 유리 조각이었던 것입니다.

"할아버지, 아무짝에도 쓸모없는 유리 조각은 왜 주우셨어요?"

경찰관이 어이없어 하자, 할아버지는 아이들을 바라보며 말했습니다.

"저 아이들이 맨발로 뛰어 놀고 있기에……."

그제야 경찰관은 얼굴을 붉히며 할아버지에게 사과했습니다.

"아이고, 죄송합니다. 저는 그것도 모르고……. 제가 생각이 모자랐습니다."

이 할아버지가 바로 '교육의 성자', '인류의 선생님', '고아의 아버지'로 불리는 위대한 교육자 요한 하인리히 페스탈로치입니다.

페스탈로치는 1746년 1월 12일, 스위스 취리히에서 의사의 아들로 태어났습니다.

페스탈로치의 아버지 요한 밥티스터는 외과 의사 겸 안과 의사로 취리히에서 병원을 열고 있었습니다. 그의 병원에는 날마다 환자들이 몰려들었습니다. 병을 잘 고치기도 하지만, 가난한 환자들에게는 치료비를 한 푼도 받지 않기 때문이었습니다. 그러다 보니 페스탈로치의 집은 살림이 넉넉하지 못했습니다. 겨우 입에 풀칠이나 하는 정도였습니다. 그런데 페스탈로치가 여섯 살이 되던 해에 아버지가 중병에 걸렸습니다. 자신의 건강을 챙기지 않고 환자들만 돌본 탓이었습니다. 아버지는 몇 달 동안 시름시름 앓다가 숨을 거두고 말았습니다.

페스탈로치의 어머니 수잔나는 견딜 수 없는 슬픔을 느꼈습니다. 그러나 남편이 두고 간 자식들을 생각하면 슬픔을 딛고 일어서야 했습니다. 그녀는 삯바느질을 하며 혼자서 살림을 꾸려 갔습니다. 페스탈로치는 위로 형 밥티스터, 아래로는 누이동생 안나를 두고 있었습니다. 그런데 그는 형제 가운데 가장 못생겼습니다. 어렸을 때 마마를 앓아 얼굴이 얽어 있고, 허리가 구부정했습니다. 그리고 언제나 얼빠진 표정으로 큰 구두를 질질 끌고 다녀, 학교에서는 아이들로부터 바보라고 놀림을 받았습니다.

페스탈로치가 아홉 살 때는 이런 일이 있었습니다.

하루는 학교에서 성경 시간에 선생님이 페스탈로치의 이름을 불렀습니다.

"페스탈로치! 일어나서 주기도문을 외워 봐."

그러자 페스탈로치는 벌떡 일어나 이렇게 말했습니다.

"선생님, 저는 주기도문이 무슨 뜻인지 전혀 모릅니다. 그런데 무작정 외우기만 하면 뭐 합니까? 뜻을 알아야 제대로 외울 수 있지요."

선생님은 얼굴을 찡그렸습니다.

"외우라면 외우지 무슨 잔말이 많아? 주기도문을 외우지 못하니까 엉뚱한 핑계를 대는구나."

"아닙니다. 외울 수 있습니다. 하지만 뜻을 모르기 때문에 외우지 않겠다는 겁니다."

페스탈로치가 주기도문을 외우지 않겠다고 하자, 옆자리에 앉은 친구가 옆구리를 찔렀습니다.

"외우고 싶지 않아도 외워. 고집을 부리면 성경 점수를 빵점 맞는단 말이야."

그러나 페스탈로치는 선 채로 입을 꾹 다물고 있었습니다. 아무리 선생님이 강요해도 외우지 않겠다는 태도였습니다. 교실에 있는 아이들은 불안한 눈초리로 선생님을 쳐다보았습니다. 선생님은 화가 나면 물불을 가리지 않는 분이기 때문이었습니다.

그 때였습니다. 갑자기 교실이 흔들렸습니다.

책상이 넘어지고, 아이들이 나동그라졌습니다.

"으악, 지진이다!"

"빨리 달아나자!"

2층 교실은 아수라장이 되었습니다.

금방이라도 학교 건물이 무너질 것 같았습니다. 모두들 놀라 건물 밖으로 뛰쳐나갔습니다. 아이들은 물론 선생님까지 하얗게 질려 있었습니다.

잠시 뒤, 지진이 그쳤습니다. 그러나 아이들은 겁에 질려 교실로 들어가지 못했습니다. 또 지진이 일어날 것 같아서였습니다.

"교실에 가방과 모자를 두고 나왔잖아."

"어쩌지? 수업을 받을 수 없어 집에 가야 하는데."

아이들이 2층 교실을 올려다보며 운동장에서 발을 동동 구를 때였습니다.

"기다려! 내가 가서 가방과 모자를 가져올게!"

갑자기 페스탈로치가 이렇게 소리치며 건물 쪽으로 달려갔습니다.

그러자 아이들은 소스라치게 놀랐습니다.

"돌아와! 지진이 다시 일어나면 죽어!"

"위험하다니까!"

그러나 페스탈로치는 아이들의 말을 듣지 않았습니다. 그대로 건물 안으로 들어가 2층 교실로 올라갔습니다.

아이들은 조마조마한 마음으로 2층 교실을 올려다보았습니다.

"또 지진이 일어나면 어쩌지? 건물이 무너져 돌더미에 깔려 죽을지도 모르는데."

"페스탈로치는 고집쟁이야. 우리 말을 듣지 않고, 죽음의 구렁텅이에 뛰어들다니!"

아이들이 이렇게 웅성거리고 있을 때였습니다.

페스탈로치가 멀쩡한 몸으로 건물에서 나왔습니다. 그는 아이들의 가방과 모자를 한 아름 챙겨 들고 있었습니다.

이 때부터 페스탈로치에게는 '고집쟁이'라는 별명이 생겼습니다. 그리고 누구도 페스탈로치를 바보라고 놀리지 않았습니다.

페스탈로치는 방학이 돌아오면 할아버지 댁에 놀러 갔습니다. 페스탈로치의 할아버지는 교회 목사였는데, 취리히에서 20~30리쯤 떨어진 헹크라는 마을에서 살고 있었습니다. 할아버지는 마을에서 존경받는 사람이었습니다. 가난하고 병든 사람들을 돕는 일에 힘썼기 때문이었습니다. 할아버지는 페스탈로치가 집에 오면 날마다 페스탈로치를 데리고 다녔습니다. 덕분에 페스탈로치는 마을 사람들이 들판에서 땀 흘려 일하는 것을 보고, 할아버지가 어려운 이웃들을 돕는 것도 곁에서 지켜볼 수 있었습니다.

'세상에는 가난하고 불행한 사람들이 많이 있구나. 나도 이다음에 커서 할아버지처럼 힘든 사람들을 도우며 살아야지.'

페스탈로치는 이런 결심을 하기에 이르렀습니다.

그 마을에는 페스탈로치 또래의 아이들도 있었습니다. 그 아이들은 너무 가난하여 학교에 다니지 못하고 있었습니다. 이런 아이들을 보자 마음이 아팠습니다.

'가엾어라. 학교에 다닐 나이에 농사일만 해야 하다니. 저 아이들이 일을 하면서 공부도 할 수는 없을까? 내가 어른이 되면 일도 하고 공부도 할 수 있는 학교를 세우고 싶어. 오갈 데 없는 가난한 집 아이들을 모아 함께 즐겁게 살아가는 거야.'

페스탈로치는 자신의 꿈을 반드시 이루겠다며 주먹을 불끈 쥐었습니다.

세월이 흘러 페스탈로치는 칼롤라이나 대학에 들어갔습니다. 그는 할아버지와 같은 목사가 되려고 신학을 공부했습니다.

칼롤라이나 대학에서 페스탈로치에게 가장 큰 가르침을 준 사람은 보드머 선생님이었습니다. 그는 역사와 정치학을 가르쳤는데, 페스탈로치에게 이런 말을 했습니다.

"자네는 이 사회를 어떻게 보는가? 귀족들은 평민들을 못살게 굴고, 잘사는 사람들은 가난한 사람들을 착취하고 있지? 어디 그뿐인가? 도시 사람들은 농촌 사람들을 업신여기며 소나 말처럼 부리고 있지. 이래서야 어디 사람 사는 세상이라 할 수 있겠는가? 자네 같은 학생들이 나서서 이런 사회를 바로잡아야 하네."

페스탈로치는 보드머 선생님의 가르침을 가슴 깊이 새겼습니다. 그리고 뜻이 맞는 학생들과 함께 '애국자단'이라는 모임을 만들었습니다. 이 모임에서는 어떻게 하면 나라를 발전시키고 국민이 모두 잘사는 세상을 만들 수 있는지 연구하고 토론했습니다.

회원 중에는 카스파라는 청년도 있었는데, 카스파의 누이동생인 안나도 참석했습니다. 페스탈로치는 안나와 친하게 지냈습니다.

안나는 페스탈로치보다 일곱 살이나 많았습니다. 그래도 두 사람은 서로 사랑하고 있었습니다.

1768년의 어느 날, 페스탈로치는 너무 공부에 열중하여 몸이 쇠약해졌습니다. 그래서 학교를 휴학하고 농촌으로 내려갔습니다. 페스탈로치는 농촌에서 즐거운 마음으로 일했습니다. 맑은 공기를 마시며 농사를 지으니 건강도 많이 좋아졌습니다.

1년 뒤 취리히로 돌아온 페스탈로치는, 취리히에서 멀지 않은 빌페르트에 안나가 모은 돈으로 땅(노이호프)을 샀습니다. 그리고는 뮬리겐 마을에 방을 얻어 농사를 짓기 시작했습니다.

페스탈로치는 안나와 이미 장래를 약속했습니다. 그러나 안나의 부모가 두 사람의 결혼을 반대하고 있었습니다.

"페스탈로치는 가난뱅이야. 가난뱅이와 결혼하면 평생 고생하며 살아야 한다. 넌 맹물만 마시고 살 수 있니?"

"농사를 짓는데 왜 맹물만 마셔요? 저는 페스탈로치와 행복하게 살 거예요. 그러니 결혼을 허락해 주세요."

안나는 반대하는 부모를 설득했습니다. 그리하여 1769년 9월 30일, 마침내 결혼식을 올릴 수 있었습니다.

두 사람은 열심히 농사일에 매달렸습니다. 몇 년 뒤에는 버려진 아이들을 농장에 모으기 시작했습니다. 갈 곳 없는 고아와 거지 아이, 병든 아이, 못된 짓만 하는 아이들을 데려왔습니다.

"우리는 한 식구다. 일도 공부도 함께 하는 거야."

페스탈로치는 아이들과 함께 낮에는 농장에서 열심히 일했습니다. 그리고 밤에는 옷감 짜는 기계를 돌렸습니다.

'이 아이들한테는 노동의 가치를 일깨워 주어야 한다. 그리고 비뚤어진 성격도 바로잡아 주어야 한다. 공부보다 먼저 해야 할 일이 바로 이것이다.'

페스탈로치는 아이들에게 섣불리 글을 가르치지 않았습니다. 땀 흘려 일하는 기쁨을 알게 하고, 나쁜 버릇을 고쳐 주는 데 먼저 힘을 기울였습니다.

그러자 터무니없는 소문이 돌았습니다.

"흥, 고아들을 데려다 키우고 공부시킨다더니, 소나 말처럼 부려먹기만 하는군."

"페스탈로치의 속셈은 따로 있었어. 불쌍한 아이들의 노동력을 착취하여 자기 배를 채우려 했던 거야."

사람들은 페스탈로치의 교육 방법을 이해하지 못하고 그를 헐뜯기에 바빴습니다.

"공부와 일은 둘이 아니라 하나입니다. 학교와 일자리는 한 몸이라 할 수 있지요."

페스탈로치가 아무리 교육에 대한 자신의 생각을 밝혀도, 사람들은 페스탈로치를 이해하지 못했습니다. 모두들 그를 욕하고 비난할 뿐이었습니다.

페스탈로치는 그 동안 꽤 많은 빚을 졌습니다. 자그마치 그 빚이 4만 마르크였습니다. 페스탈로치는 빚 때문에 농장을 다른 사람에게 넘기고 아이들도 내보내야 했습니다.

그는 떠나가는 아이들의 뒷모습을 바라보며 눈물을 흘렸습니다.

"내가 잘못했다. 너희들에게 정말 잘 해 주고 싶었는데, 이렇게 떠나보내야 하다니……. 나를 용서해 다오."

안나가 페스탈로치를 위로했습니다.

"너무 실망하지 말아요. 농장은 그만두었지만 불쌍한 아이들을 돌볼 수는 있잖아요. 우리 다시 시작해요."

페스탈로치는 아내의 말을 따르기로 했습니다. 그래서 거리에 버려진 십여 명의 고아들과 가난한 집 아이들을 모아 학교를 열었습니다. 페스탈로치의 나이 서른 살 때였습니다.

페스탈로치는 직조 공장을 세웠습니다. 낮에는 아이들과 공장에서 땀 흘려 일하고, 밤에는 아이들에게 공부를 가르쳤습니다. 아이들은 페스탈로치와 안나를 아버지, 어머니라 부르며 믿고 따랐습니다. 날이 갈수록 학생들이 늘어났습니다. 4년 뒤에는 학생이 80명이나 되었고, 선생님도 여러 명이 되었습니다.

페스탈로치는 예전처럼 농장도 운영했습니다. 학교를 돕기 위해 돈을 기부하는 사람도 있어, 학교 살림은 점점 나아졌습니다.

그러나 페스탈로치에게 좋은 시절은 잠깐이었습니다. 다시 어려움이 닥쳤습니다. 큰 우박이 두 번이나 내려 농사를 망치는 바람에, 곡식과 채소를 마을에서 사들여야 했습니다. 게다가 안나가 병이 들어 몸져누웠고, 월급이 밀리자 직원들과 선생님들도 떠나 버렸습니다.

페스탈로치는 어쩔 수 없이 혼자서 학생들을 돌봐야 했습니다.

그런데 불행은 여기서 그치지 않았습니다. 가난한 집 아이들의 부모가 학교로 몰려와 이렇게 아우성쳤던 것입니다.

"우리 아이들도 공장과 농장 일을 돕는데 왜 품삯을 주지 않는 거요? 품삯을 주지 않으면 아이들을 데려가겠소."

이런 소문이 돌자 돈을 보내 주던 사람들도 발길을 끊었습니다. 그리고 아이들의 부모에게 공장을 빼앗기고 말았습니다.

페스탈로치는 눈물을 머금고 학교 문을 닫았습니다. 1781년

봄의 일이었습니다. 페스탈로치는 빈털터리가 되었습니다. 주머니에 돈 한 푼 없는 상태에서 그는 책을 쓰기 시작했습니다. 그동안 아이들을 기르고 가르친 경험을 살려, 교육에 대한 자신의 생각을 정리했는데, 이것이 《숨은 이의 저녁때》라는 책입니다.

페스탈로치의 친구는 어느 날 이 원고를 보고 놀라는 표정을 지었습니다.

"참으로 훌륭해. 이 정도 내용이라면 이대로 두지 말고 반드시 책으로 내야 해."

친구는 베를린의 어느 출판사를 소개해 주었습니다. 그리하여 《숨은 이의 저녁때》가 출판될 수 있었습니다.

페스탈로치는 계속해서 글을 썼습니다.

이듬해에는 교육 소설 《린하르트와 게르트루트》를 발표하여 세상에 널리 알려졌습니다. 1798년 페스탈로치는 친구의 부탁으로 고아원 원장이 되었습니다. 프랑스군이 스위스의 슈탄스 지방으로 쳐들어와, 부모를 잃은 아이가 200여 명이나 된 것입니다. 그 뒤 페스탈로치는 부르크도르프, 이페르텐 지방에 초등학교를 세워 열과 성을 다해 아이들을 가르쳤습니다.

페스탈로치의 교육 방법은 당시만 해도 새롭고 독특했습니다. 그는 학교를 가정이라 생각하여, 학생들과 선생님을 가족처럼 지내게 했습니다. 그리고 선생님이 학생을 회초리로 때리고, 강제로 교과서를 외우게 하는 일도 없었습니다.

학교에서는 학생들과 선생님이 산으로 들로 마음껏 돌아다녔습니다. 그들은 수업 시간에 곤충 채집이나 식물 채집을 했으며, 노래하고 싶으면 노래하고 졸리면 잠을 잤습니다.

이 학교는 점차 유명해졌습니다. 독일, 프랑스, 영국, 미국, 스페인, 이탈리아, 러시아 등에서까지 학교를 견학하러 왔으며, 많은 선생님들이 페스탈로치의 교육 방법을 연구하러 찾아왔습니다. 부르크로도프는 이제 유럽 교육의 중심지가 된 것입니다.

페스탈로치는 21년간 초등학교에서 학생들을 가르치다가 고향으로 돌아왔습니다. 그리고는 82살에 조용히 세상을 떠났습니다.

그의 무덤 앞의 비석에는 다음과 같은 글이 새겨졌습니다.

여기 요한 하인리히 페스탈로치 영원히 잠들다.

가난한 사람들의 구제자이고 고아의 아버지이며, 초등학교의 창설자, 참된 사람이요, 그리스도 인이요, 시민이었다. 모든 것이 남을 위해서였으며, 스스로를 위해서는 아무것도 하지 않았다.

그의 영혼에 하느님의 축복 있으라.

적십자 운동의 아버지

앙리 뒤낭
(1828~1910)

봉사 활동을 하는 부모의 영향을 받아 청소년 시절부터 환자와 가난한 사람들을 돕는 일에 힘썼으며, 기독교 청년회(YMCA) 운동에도 적극적으로 참여했다. 그 뒤 프랑스 식민지인 아프리카 알제리에 갔다가 굶주리는 알제리 사람들을 보고 그 곳의 경제 개발을 꿈꾸며 밀밭을 가꾸고, 밀가루 공장을 세우기도 했다. 1858년 수리권(水利權)을 얻기 위해 프랑스 황제 나폴레옹 3세를 만나러 북이탈리아를 갔다가 솔페리노 전투의 참혹한 현장을 보고 부상자들의 구호 활동에 참가했다. 그리고 1862년 이 때의 경험을 기록한 《솔페리노의 추억》을 출간하여 전쟁, 홍수, 가뭄, 지진 등의 재해를 입은 사람들을 돕는 민간 국제 기구의 창설을 제안했다. 이것이 유럽 여러 나라들로부터 큰 호응을 얻어 1863년 국제 적십자가 창립되고, 이듬해에 적십자 조약이 체결되었다. 이러한 공로가 인정되어 1901년 제1회 노벨 평화상을 수상했다.

1901년 늦가을의 어느 날이었습니다.

알프스 산자락을 끼고 아름다운 보덴 호수가 바라다 보이는 하이덴 양로원, 넓은 마당에는 노인들이 모여 햇볕을 쬐고 있었습니다. 노인들은 대여섯 사람씩 무리지어 앉아 이야기를 나누고 있었습니다.

"여보게, 저 양반에 대해서 알고 있나?"

한 노인이 무리에서 따로 떨어져 있는 노인을 가리키며 입을 열었습니다.

"글쎄, 우리와 어울리지 않고 늘 혼자 지내는 양반이잖아. 도통 말도 없고……. 젊은 시절에 적십자인가 뭔가 하는 것을 세웠다던가?"

"맞아. 몇 년 전에 우리 양로원으로 신문 기자가 찾아와서 저 양반을 취재해 갔잖아."

"부잣집 아들이었는데, 젊었을 때 재산을 모두 날렸다는군. 결국 고국을 떠나 프랑스 파리의 빈민가에서 숨어 살았는데, 스위스 출신의 한 의사가 저 양반을 찾아 내 이 양로원에 넣어 주었다지?"

"그래, 신문에 그런 내용의 기사가 실렸지. 저 양반도 늘그막에 복을 받은 셈이야. 파리의 빈민가보다 이 곳이 백 배 낫지 않겠어? 먹여 주지, 재워 주지, 아무 걱정 없잖아."

"허허, 물론 그렇지."

노인들이 한창 이야기꽃을 피우고 있을 때였습니다. 한 무리의 사람들이 양로원 쪽으로 걸어오고 있었습니다.

노인들은 이야기를 멈추고 그들을 바라보았습니다.

"누구지? 우리 노인들을 위문하러 오는 사람들인가? 성탄절이 되려면 아직 멀었는데."

"사진기를 들고 있어. 신문 기자들인가 봐."

"신문 기자들이 양로원에 무슨 일로 찾아왔지?"

신문 기자들은 양로원 마당으로 들어서며 노인들에게 물었습니다.

"여기에 앙리 뒤낭이라는 분이 살고 계시죠?"

"앙리 뒤낭? 저 양반 이름인데."

노인들은 따로 떨어져 있는 노인을 가리켰습니다.

그러자 신문 기자들은 그 노인에게 몰려가 사진기의 플래시를 터뜨렸습니다.

"앙리 뒤낭 씨, 축하드립니다. 제1회 노벨 평화상 수상자로 뽑히셨습니다."

노벨상은 다이너마이트를 발명한 스웨덴의 과학자 노벨의 '인류의 행복을 위해 힘쓴 사람들에게 재산의 일부를 상금으로 주라.'는 유언에 따라 만들어진 상이었습니다.

앙리 뒤낭은 국제 적십자를 만들어 인류의 행복과 세계 평화에 이바지한 공로가 인정되어 노벨 평화상을 받게 된 것입니다.

"노벨상은 상금이 어마어마하게 많대. 저 양반은 이제 부자가 된 거야."

"부자가 되었으니 이 양로원을 떠나겠지?"

양로원의 노인들은 모두 뒤낭이 양로원을 떠날 것이라고 믿었습니다.

그러나 뒤낭은 자신이 받은 상금을 국제 적십자 위원회에 모두 기부하고 양로원에 남았습니다. 국제 적십자가 돈과 명예보다 국적과 인종을 초월하여 사랑을 실천하는 국제 민간 기구로 발전하기를 바랐던 것입니다.

뒤낭은 1828년 5월 8일, 스위스의 제네바에서 태어났습니다.

뒤낭의 아버지 장 자크는 제네바 시 의원으로 제네바 고아 수용소 자혜국장을 지냈습니다. 뒤낭의 어머니 안 앙트와네트는 신앙심 깊은 기독교 신자로서 고아원, 양로원 등을 찾아다니며 어려운 사람들을 돕는 일에 앞장섰습니다.

뒤낭이 여섯 살 되던 해의 어느 봄날이었습니다.

어머니는 뒤낭을 데리고 양로원으로 갔습니다. 양로원에는 오갈 데 없는 병든 노인들이 수용되어 있었습니다.

어머니는 양로원에 도착하자마자 소매를 걷어붙였습니다.

그리고는 커다란 통에 물을 가득 담아 노인들의 몸을 씻기는 것이었습니다. 그뿐만이 아니었습니다. 가져온 선물을 노인들에게 나누어 주고, 노인들의 팔다리를 주물러 주었습니다.

뒤낭은 샛별 같은 눈을 반짝이며 어머니가 하는 일을 지켜보았습니다.

저녁때가 되자 어머니가 말했습니다.

"그만 집으로 가자. 아버지가 기다리시겠다."

양로원은 언덕빼기에 있었습니다. 뒤낭은 어머니를 따라 언덕을 내려가다가 갑자기 생각난 듯 물었습니다.

"엄마, 궁금한 것이 있어요. 왜 엄마는 남들에게 친절히 대해 주세요? 엄마한테는 가족도 아니고, 친척이나 친구도 아니잖아요."

어머니는 빙그레 웃으며 대답했습니다.

"앙리, 너는 양로원의 할아버지 할머니들이 우리와 상관없는 사람인 줄 아니? 그렇지 않단다. 그분들은 우리와 형제란다."

뒤낭이 눈을 동그랗게 떴습니다.

"예? 할아버지 할머니들이 우리와 형제라고요? 말도 안 돼요. 나이 차이가 얼마나 많이 나는데."

"나이와는 상관없지. 하느님 안에서는 모든 사람들이 형제란다. 늙으나 젊으나 하느님의 똑같은 아들, 딸이거든. 형제끼리는 서로 돕고 살아야 한단다."

"알았어요, 엄마."

뒤낭은 궁금증이 풀린 듯 환하게 웃으며 어머니의 손을 잡았습니다.

그런 일이 있고 나서 며칠이 지난 뒤였습니다.

뒤낭은 어머니에게 진지한 얼굴로 말했습니다.

"엄마, 부탁이 있어요. 며칠 있으면 제 생일이 돌아오죠? 그 날은 제가 받는 모든 선물을 고아원에 갖다 주고 싶어요. 고아원에 있는 친구들은 저와 형제잖아요. 친구들에게 선물을 나누어 주며 즐거운 시간을 보내고 싶어요."

"앙리!"

어머니는 아들이 대견스러워 와락 껴안았습니다.

"어쩜 그런 생각을 다 했니? 그래, 생일날에는 같이 고아원에 가자. 하느님도 기뻐하실 거야."

드디어 뒤낭의 생일날이 돌아왔습니다.

뒤낭은 어머니와 마차를 타고 집을 출발했습니다. 마차에는 생일 선물로 받은 옷이며 장난감, 그리고 멋진 그림책들이 실려 있었습니다.

말들은 힘차게 달렸습니다. 마차는 고아원을 향해 뻗은 길을 빠른 속도로 나아갔습니다.

그런데 마차가 숲길로 접어들었을 때였습니다.

뒤낭은 숲 속에서 일하는 사람들을 보고 눈이 휘둥그레졌습니다. 머리를 박박 깎고 누더기를 걸친 죄수들이 발목에 쇠고랑을 찬 채 나무를 나르고 있었던 것입니다. 그들은 금방이라도 쓰러질 듯 힘겨운 모습이었습니다.

뒤낭은 깜짝 놀라 어머니에게 물었습니다.

"엄마, 저 사람들은 어째서 저렇게 힘든 일을 하고 있어요?"

어머니는 바깥을 내다보며 대답했습니다.

"죄수이기 때문이지. 나쁜 일을 해서 지금 벌을 받고 있단다."

"죄수라고 하지만 너무 가엾어요. 죄수들도 하느님 안에서는 우리의 형제잖아요."

뒤낭은 어느 새 눈물이 글썽해져 있었습니다.

뒤낭은 고아원에 가서 마차에 싣고 온 선물을 아이들에게 나누어 주었습니다. 아이들은 좋아서 입이 함박만 해졌습니다.

뒤낭은 생일날 고아원을 향해 가다가 본 죄수들을 오래도록 잊지 못했습니다. 비록 죄수일지라도 사람 대접을 해 줘야 한다는 생각이 그를 사로잡았던 것입니다.

뒤낭은 무럭무럭 자라 18세가 되었습니다.

그는 봉사 활동을 하는 부모님의 영향을 받아 친구들과 '사랑의 봉사대'를 만들었습니다. 감옥에 갇힌 죄수, 고아, 병자, 노인 등 가난하고 소외받는 이웃들을 찾아다니며 돕는 모임이었습니다.

1849년 제네바에서 기독교 청년회(YMCA) 운동이 벌어지자, 뒤낭은 이 운동에도 적극적으로 참여했습니다. 기독교 청년회 운동은 1844년 영국 런던에서 시작되어 전세계로 퍼지고 있었습니다. 그는 기독교 청년회 스위스 대표로서 프랑스, 벨기에, 네덜란드 등 다른 나라를 찾아가기도 했습니다.

뒤낭은 스물다섯 살이 되자 자신의 삶을 돌아보았습니다.

'나는 이제까지 자선 단체에 가입하여 여러 가지 봉사 활동을 해 왔다. 하지만 냉정하게 생각해 보면, 남을 돕는다면서 부모님께 의지하고 살아왔다. 제 앞가림도 못하면서 남을 돕는다는 것이 얼마나 우스운 일인가? 또, 나는 공부를 많이 하지도 못했고 세상에 대해서 아는 것이 거의 없다. 지금 내가 해야 할 일은 실

력을 쌓는 것이다. 그런 다음 불쌍한 사람들을 돕는 일에 나서야겠다.'

뒤낭은 그 날부터 책을 읽으며 열심히 공부했습니다. 그리고 좀더 세상을 알고 많은 경험을 쌓기 위해서 폴 류랑 엘 소테라는 회사에 들어갔습니다.

뒤낭은 회사에서 성실히 일했습니다. 그래서 우수 사원으로 뽑혀 알제리에 새로 개설한 출장소에서 근무하게 되었습니다.

알제리는 아프리카 북쪽에 있는 나라로, 당시에는 프랑스 식민지였습니다. 알제리 사람들은 백인들의 지배를 받으며 어렵게 살아가고 있었습니다.

뒤낭은 알제리에 도착하여 알제리 사람들이 살아가는 모습을 보고는 깜짝 놀랐습니다. 대부분의 땅이 사막인데다, 사막이 아닌 땅도 거칠고 메말라 농사를 짓지 못해 굶주림에 시달리고 있었던 것입니다.

'이런 곳에서 어떻게 사람이 살 수 있는가? 불쌍한 알제리 사람들에게 살 길을 열어 주어야겠다. 농사를 짓게 하여 곡식을 얻게 하는 거야.'

뒤낭은 회사를 그만두고, 거친 땅을 새로 일구어 밭으로 만드는 일을 시작했습니다.

알제리에서 사귄 고기에라는 친구와 함께 열심히 이 일을 했습니다. 그리하여 곡식을 심어 가꿀 수 있는 넓은 땅을 얻을 수 있었습니다. 뒤낭은 알제리 사람들을 모아 놓고 말했습니다.

"땅을 일구어 밭을 만들었으니, 여기에 밀을 심어 가꿔 봅시다. 그러면 양식 걱정은 하지 않아도 될 겁니다."

알제리 사람들은 뒤낭이 권하는 대로 밀농사를 짓기로 했습니다. 너나할것없이 밭으로 와서 밀을 심고 가꾸었습니다.

'밀을 수확하면 이 곳에 밀가루 공장을 세워야겠다. 알제리 사람들에게 일자리를 만들어 주면 굶주리는 사람은 나오지 않겠지.'

뒤낭은 밀밭을 돌보며 꿈에 부풀었습니다.

그런데 문제가 생겼습니다. 농사를 짓기에는 물이 턱없이 부족했던 것입니다.

'수로를 만들어 물을 끌어와야겠다. 그러면 밀밭에 물을 댈 수 있겠지.'

수로를 만들어 물을 끌어오려면 프랑스 군 정부의 허가를 받아야 했습니다. 그러나 군 정부에서는 뒤낭이 프랑스 사람이 아니라고 허가를 내주지 않았습니다. 뒤낭은 애가 탔습니다. 제때 물을 주지 않아 밀이 말라 죽어갔기 때문이었습니다.

'어쩌지? 프랑스 황제 나폴레옹 3세를 만나 군 정부의 허가를 얻어 달라고 부탁해 볼까?'

뒤낭은 이런 생각을 하고 나폴레옹 3세를 만나러 떠났습니다.

나폴레옹 3세는 이탈리아와 연합하여 오스트리아와 전쟁을 시작했습니다. 그래서 프랑스 군을 지휘하기 위해서 이탈리아 북부 지방에 가 있었습니다.

전쟁터에 도착한 뒤낭은 황제를 찾으러 다니다가 처참한 광경을 보았습니다. 양쪽 병사들이 총부리를 맞대고 싸워, 수많은 시체가 벌판에 널브러져 있었던 것입니다. 또한, 부상당한 병사들은 땅바닥에 누워 신음하고 있었습니다.

뒤낭은 이런 광경을 보고 그냥 지나칠 수 없었습니다. 스스로 전쟁터에 뛰어들어 부상당한 병사들을 돌보기 시작했습니다.

뒤낭은 아군이든 적군이든 가리지 않았습니다. 부상당한 병사라면 누구나 똑같이 상처를 소독해 주고 붕대로 싸매 주었습니다. 그러자 프랑스 군 군의관이 뒤낭에게 화를 냈습니다.

"당신은 어느 편이오? 적군인 오스트리아 병사들까지 돌봐 주면 어떡합니까?"

"전투는 이미 끝났습니다. 이제는 아군도 없고 적군도 없습니다. 부상당한 한 사람의 병사일 뿐입니다. 이 사람에게도 살아 돌아오기를 바라는 사랑하는 가족이 있을 것입니다. 그러니 너그럽게 생각하여 이들을 치료해 주기 바랍니다. 목숨은 누구에게나 소중하지 않습니까?"

뒤낭의 말에 군의관은 조용해졌습니다. 그리고 오스트리아 군

병사들을 치료해 주었습니다.

뒤낭은 황제를 만났습니다. 그런데 그 자리에서 자기가 왜 이탈리아에 왔는지 이야기하지 않았습니다. 그 대신 이런 부탁을 했습니다.

"황제 폐하, 전쟁터에서는 아군이니 적군이니 가리지 않고, 부상당한 병사는 누구나 치료를 받게 해 주십시오. 하느님 안에서는 모든 사람이 형제 아닙니까?"

황제는 뒤낭의 말을 듣고 감동을 받았습니다.

"당신 말이 맞소. 그렇게 하도록 하지."

황제는 적군의 부상병까지 치료해 주겠다고 약속했습니다.

그리하여 아군이든 적군이든 가리지 않고 부상병은 누구나 치료를 받을 수 있게 되었습니다. 뒤낭이 알제리에 수로를 만들어야 한다는 이야기를 꺼내지 않은 것은, 굶주리는 알제리 사람들보다 전쟁터에서 다쳐 죽어가는 병사들이 더 급하다고 생각했기 때문입니다.

뒤낭은 스위스로 돌아와 책을 쓰기 시작했습니다. 전쟁의 참혹함을 세상에 알려야겠다고 생각해서였습니다.

그는 이 책에서 이렇게 말했습니다.

전쟁터에서는 아군이든 적군이든 가리지 않고, 부상당한 병사는 누구나 치료를 받아야 합니다. 그리고 전쟁이 일어나지 않더라도 전쟁에 대비할 수 있도록 이런 일을 하는 단체가 하나쯤 있어야 합니다. 이런 단체가 있다면 전쟁뿐 아니라 홍수, 가뭄, 지진 등 자연 재해를 입은 사람들을 도울 수 있을 것입니다.

이탈리아 솔페리노 전투의 참상을 기록한 《솔페리노의 추억》은 1862년에 출판되었습니다.

이 책에서 뒤낭은 전쟁뿐 아니라 홍수, 가뭄, 지진 등 자연 재해를 입은 사람들을 돕는 단체를 만들자는 제안을 했고, 유럽 여러 나라로부터 큰 호응을 받았습니다.

그리하여 1863년 10월 25일, 세계 16개국 대표들이 스위스 제네바에 모여 회의를 열었습니다. 뒤낭은 이 회의에 참석하여 이렇게 말했습니다.

"우리가 전쟁 부상자들을 돕는 국제 단체를 만듭시다. 그리고 이 단체를 뜻하는 깃발을 만들어, 전쟁 부상자들과 그들을 치료할 의사와 간호사는 공격하지 않기로 합시다."

그 제안은 만장일치로 채택되었습니다. 그리하여 국제 적십자가 창립되었고, 국제 적십자를 뜻하는 깃발도 만들어졌습니다. 깃발은 흰 바탕에 붉은 십자가가 그려진 것이었습니다.

다음 해인 1864년 8월 제네바에서 다시 회의가 열렸습니다. 이

회의에서 제네바 조약이 체결되었습니다. 그것은 전쟁터에서 다치거나 병에 걸린 병사는 국적을 가리지 않고 보호하고 치료해 주며, 그들을 돕는 의사와 간호사도 공격하지 않는다는 협약이었습니다.

　뒤낭은 국제 적십자가 발전하기를 간절히 바랐습니다. 그래서 물려받은 전 재산을 국제 적십자에 기부하고, 국제 적십자를 위해 열심히 일했습니다.

　국제 적십자는 나날이 발전해 갔습니다. 그러나 빈털터리인 뒤낭의 살림은 어려워져 갔습니다. 끼닛거리가 없어 며칠씩 굶고 지내야 했습니다.

뒤낭은 견디다 못해 1867년 어느 날, 제네바를 떠났습니다. 그리고 프랑스로 가서 파리의 빈민가에 숨어 살았습니다.

1892년 뒤낭은 65세가 되었습니다. 이제 뒤낭을 알아보는 사람은 없었습니다. 그는 사람들의 기억에서 잊혀져 가고 있었습니다.

그러던 어느 날, 프랑스 출신의 한 의사가 뒤낭을 찾아냈습니다. 그는 뒤낭을 자신이 잘 아는 스위스의 양로원에 보내, 여생을 편안히 지낼 수 있도록 해 주었습니다.

1901년 제1회 노벨 평화상을 받은 뒤낭은 1910년 10월 30일, 하이덴 양로원에서 세상을 떠났습니다.

국제 적십자에서는 그의 생일인 5월 8일을 '적십자의 날'로 정해 그의 업적을 기념하고 있습니다.

장애인들의 빛이 된 사랑의 천사

헬렌 켈러
(1880~1968)

미국 앨라배마 주 터스컴비아 마을에서 태어나 1년 8개월 만에 몹쓸 병을 앓아, 보지도 듣지도 말하지도 못하는 불구의 몸이 되었다. 그러나 1887년 가정 교사로 들어온 설리반의 도움과 피나는 노력으로 마침내 글도 쓰고 말도 할 수 있게 되었다. 보스턴의 홀레스만 농아 학교와 케임브리지 여학원을 거쳐 하버드 대학의 래드클리프 칼리지를 우수한 성적으로 졸업했다. 1902년 자서전 《나의 삶》을 출간하여 많은 사람들에게 감동을 주었으며, 이 내용이 1918년 영화로 만들어졌을 때는 직접 주인공으로 출연하여 화제가 되었다. 평생 장애인을 돕는 일을 하는 한편, 세계를 돌며 강연 활동을 하여 어려운 사람들에게 희망과 용기를 주었다.

미국 앨라배마 주에는 터스컴비아라는 마을이 있습니다.

이 마을에는 '푸른 담쟁이덩굴 집'이라 불리는 집이 있었는데, 1880년 6월 27일 예쁜 여자 아이가 태어났습니다. 아이의 아버지는 남북전쟁 때 남군의 대위였던 아서 켈러이고, 어머니는 버지니아 주 초대 지사의 손녀인 케이트 애덤스였습니다.

"우리 아기에게 좋은 이름을 지어 주고 싶어. 내가 좋아하는 숙모의 이름을 따서 밀드렛이라고 하는 게 어때?"

아버지의 제의에 어머니는 고개를 저었습니다.

"그 이름보다는 친정 어머니 이름인 헬렌이 낫겠어요. 부르기 좋고 듣기도 좋잖아요."

"아니야, 밀드렛이 더 좋아. 나는 아기 이름을 밀드렛으로 하겠어."

아버지는 끝까지 고집을 부려 아기 이름을 밀드렛으로 정했습니다.

아기의 세례식 날이 돌아왔습니다. 아기를 안고 교회에 가서 세례를 받기 직전, 목사님이 아기 이름을 물었습니다. 아버지는 긴장한 나머지 밀드렛이라는 이름을 잊어버렸습니다. 그래서 자신도 모르게 이렇게 대답해 버렸습니다.

"헬렌인데요."

그리하여 아기 이름은 밀드렛 켈러가 아니라 헬렌 켈러가 되었습니다.

 헬렌은 태어난 지 1년 반이 되기까지는 건강하게 잘 자랐습니다. 방실방실 웃으며 온갖 재롱을 피워서 아버지, 어머니를 즐겁게 해 주었습니다.

 그런데 1882년 2월의 어느 날, 어머니는 헬렌의 이마를 짚어 보고 까무러칠 듯이 놀랐습니다.

 "애 좀 봐, 몸이 불덩이처럼 뜨겁네!"

 "뭐라고? 그럼 빨리 의사를 불러야지!"

 연락을 받고 의사가 달려왔습니다.

 "뇌와 위에 피가 많이 고여 있어요. 아무래도 살아날 가망이 없어 보입니다."

 진찰을 끝낸 의사의 말에, 아버지와 어머니는 눈앞이 캄캄했습니다.

 '우리 헬렌이 죽는다고? 안 돼! 하느님, 저 어린 것을 제발 살려 주십시오.'

 아버지와 어머니는 하느님께 간절히 기도했습니다. 그러자 펄펄 끓던 열이 갑자기 내렸습니다.

 "어떻게 이런 일이……. 이것은 기적입니다. 아기의 목숨을 건졌어요."

 의사는 기적이 일어났다며 놀라움을 감추지 못했습니다.

그러나 심한 병을 앓고 난 후유증은 컸습니다. 눈과 귀와 입이 있지만 보지도 듣지도 말하지도 못하게 된 것입니다.

"여보, 이제 어떡하죠? 헬렌은 이제 평생 암흑 속에서 살아야 하나요?"

"하느님도 무심하시지, 어떻게 헬렌에게 이런 불행을……"

어머니와 아버지는 슬픔을 견딜 수가 없었습니다. 침대에 누워 있는 헬렌을 보며 목놓아 울었습니다.

헬렌은 자랄수록 고집 센 말썽쟁이가 되어 갔습니다. 그래서 툭하면 짜증을 부리고 말썽을 일으켰습니다.

헬렌의 집에는 헬렌보다 두 살 많은 마르타라는 흑인 소녀가 있었습니다. 마르타는 헬렌의 집에서 일하는 요리사의 딸로, 헬렌의 놀이 상대가 되어 주었습니다.

헬렌은 마르타와 함께 집 안을 돌아다니며 말썽을 부렸습니다. 부엌에 몰래 들어가 과자를 훔쳐 먹기도 하고, 어머니 방에 들어가 화장품을 벽이며 바닥에 바르면서 놀기도 했습니다. 한번은 가위를 가지고 놀았는데, 정원에 있는 나뭇가지를 마구 자르고, 마르타의 머리카락까지 잘라 마르타를 울린 적도 있었습니다.

헬렌은 성격이 거칠고 버릇이 없었습니다.

화나는 일이 있으면 손에 잡히는 대로 물건을 집어 던지고, 방바닥을 뒹굴며 짐승처럼 울부짖었습니다.

아버지와 어머니는 헬렌이 잘못을 해도 내버려 두었습니다. 불쌍하고 가여워 혼내지도 못하고, 그 행동을 그대로 다 받아 주었던 것입니다.

그러던 어느 날, 아버지와 어머니는 심각한 얼굴로 마주 앉았습니다.

"헬렌을 저대로 두어서는 안 되겠소. 어떻게든 헬렌을 가르쳐야지."

"그래요. 헬렌을 가르칠 선생님을 모셔 오도록 해요."

아버지와 어머니는 집 안에 가정 교사를 두기로 했습니다.

그래서 헬렌이 여덟 살 되던 해인 1887년 3월 3일, 헬렌을 돌볼 여자 선생님을 모셔 왔습니다.

앤 맨스필드 설리번 선생님으로, 스물두 살의 젊은 선생님이었습니다.

설리번은 눈병으로 장님이 되어 퍼킨스 맹아 학교를 다닌 적이 있었습니다. 그 뒤 수술을 받아 시각 장애에서 벗어났습니다. 헬렌의 부모님이 퍼킨스 맹아 학교에 가정 교사를 구해 달라는 편지를 하자, 아나그너스 교장 선생님이 설리번을 소개해 이 곳에 오게 된 것입니다.

다음 날부터 설리번 선생님은 헬렌을 가르치기 시작했습니다.

설리번 선생님은 짐 속에서 인형을 꺼내 헬렌의 손에 쥐어 주었습니다.

"이게 무엇인지 아니? 인형이야."

설리번은 이렇게 말하며 헬렌의 손을 잡았습니다. 그리고 나서 헬렌의 손바닥에 '인형'이라는 두 글자를 썼습니다.

헬렌은 설리번이 장난삼아 손바닥을 간지럽히는 줄 알고 배시시 웃었습니다.

'재미있는데? 나도 가만히 있을 수 없지.'

헬렌은 자기도 선생님 손바닥에 글자를 쓰는 시늉을 했습니다.

하지만 그 뒤에도 설리번이 인형을 줄 때마다 손바닥에 '인형'이라고 쓰자, 헬렌은 그것이 무슨 뜻인지 알아차렸습니다.

'아, 이것을 인형이라고 하는구나.'

그래서 헬렌은 인형이 필요하면 선생님 손바닥에 '인형'이라고 써서 그것을 얻을 수 있게 되었습니다.

설리번은 그 다음에 과자를 가져와서 헬렌의 손에 쥐어 주었습니다. 물론 헬렌의 손바닥에 '과자'라는 두 글자를 썼습니다. 헬렌은 전처럼 몇 번씩 되풀이하지 않아도 지금 손에 쥔 것이 과자라는 것을 깨닫게 되었습니다.

헬렌은 이렇게 글자와 사물을 하나하나 익혀 갔습니다. 모든 사물에는 저마다 이름이 있다는 것을 확실히 알게 되었습니다.

'이제부터는 식사 예절을 가르쳐야지.'

설리번은 이렇게 마음먹고 헬렌과 식탁 앞에 마주 앉았습니다.

헬렌은 식사할 때 포크와 나이프를 쓰지 않았습니다. 그냥 맨손으로 음식을 집어 먹었습니다.

눈이 보이지 않아 다른 사람이 식사하는 모습을 본 적이 없기 때문이었습니다.

설리번은 식사하기 전에 포크와 나이프를 헬렌의 손에 쥐어 주었습니다. 그러자 헬렌은 귀찮게 이런 도구는 왜 사용하냐는 듯 포크와 나이프를 던져 버렸습니다. 그리고는 맨손으로 음식을 집어 먹으려고 했습니다.

하지만 설리번은 헬렌이 음식을 집어 먹게 내버려 두지 않았습니다. 음식 접시에 닿아있는 헬렌의 손을 '탁' 치고는 다시 포크와 나이프를 쥐어 주었습니다. 그러나 헬렌은 포크와 나이프를 얌전히 받지 않았습니다. 또다시 던져 버리고는 기어코 손으로 음식을 집으려고 했습니다.

"안 돼!"

설리번은 소리를 지르며 헬렌의 손을 세게 때렸습니다.

"너 자꾸 고집을 부릴래? 그러면 음식을 주지 않을 거야.!"

헬렌의 귀에는 들리지 않았지만, 설리번은 호되게 야단을 쳤습니다. 그리고는 음식상을 치워 버렸습니다.

두 사람이 벌이는 실랑이를 지켜보고 있던 헬렌의 어머니가 말했습니다.

"선생님! 이 아이는 장애가 있는 아이예요. 너무 심하게 야단치진 마세요."

설리번이 단호한 목소리로 말했습니다.

"어머니, 저 아이를 자꾸 감싸시면 안 됩니다. 그러면 나쁜 버룻을 고칠 수가 없어요. 가엾다고 내버려 두면 헬렌은 영영 사람 구실을 못하게 될 거예요."

설리번은 헬렌의 부모님과 한 집에 있으면 헬렌을 제대로 교육시키지 못하겠다는 생각이 들었습니다.

그래서 헬렌의 부모님에게 부탁하여 집을 따로 얻어 헬렌과 단둘이 지냈습니다.

설리번은 식사 시간마다 헬렌과 싸움을 벌였습니다. 헬렌은 여전히 고집스럽게 손으로 음식을 집어 먹으려 하고, 설리번은 끈질기게 헬렌의 행동을 말렸습니다. 헬렌한테는 안된 일이었지만 여러 차례 밥을 굶겼습니다. 그러자 몹시 배가 고팠던 헬렌은 설리번의 말을 따르기 시작했습니다. 음식을 손으로 집어 먹으려 하지 않고, 포크와 나이프로 식사를 하는 것이었습니다.

헬렌은 날이 갈수록 얌전해졌습니다. 식사 예절을 잘 지킬 뿐만 아니라 선생님의 가르침을 잘 따르게 되었습니다.

설리번이 헬렌의 집에 온 지 한 달이 지난 4월 5일에는 이런 일이 있었습니다.

헬렌은 선생님의 손을 잡고 숲길을 거닐고 있었습니다.

헬렌은 보고 듣지 못하지만 냄새는 보통 사람보다 잘 맡았습니다. 꽃향기를 좋아하여 꽃밭에 가서 놀기를 즐겼습니다.

그 날도 헬렌은 봄바람에 실려 오는 꽃향기를 맡으며 기분 좋게 산책하고 있었습니다.

숲길에는 물가가 있어 어느 아주머니가 펌프질을 하고 있었습니다. 물이 쏟아져 나와 물통을 채워 나갔습니다. 그것을 보는 순간, 설리번은 문득 이런 생각이 떠올랐습니다.

'옳지, 헬렌한테 물에 대해 가르쳐 주자. '마시다'가 무슨 뜻인지도 알려 주고……'

설리번은 헬렌을 물가로 데리고 갔습니다. 그리고는 헬렌의 손을 잡아끌어 펌프질을 했습니다. 차가운 물이 콸콸 쏟아져 헬렌의 손을 적셨습니다. 설리번은 펌프질을 멈추고 헬렌의 손바닥에 '물'이라는 글자를 썼습니다.

"헬렌, 잘 기억해라. 이것이 물이다."

그 다음에는 손바닥을 오므려 물을 떴습니다. 그리고 그 물을 헬렌의 입에 넣어 주었습니다.

"물맛이 시원하지? 너는 지금 물을 마셨어."

설리번은 헬렌의 손바닥에 '마시다'라는 글자를 썼습니다.

그제야 헬렌은 고개를 끄덕였습니다.

'아, 이제 알겠다. 차갑고 시원한 것이 '물'이고, 물을 꿀꺽 삼키는 것이 '마시다'야.'

헬렌은 이 날 겪은 일을 평생 잊지 못했습니다. 그래서 1902년 어느 잡지에 연재해 책으로 펴낸 《나의 삶》에서 이 때의 기억을 떠올리며 이렇게 밝혔습니다.

　　모든 사물에는 이름이 있었습니다. 그리고 그 이름들은 꼬리에 꼬리를 물고 새로운 생각을 낳았습니다. 나의 손에 닿는 것은 하나같이 생생히 살아 있었습니다. 그것은 내가 새롭게 얻은 눈으로 본 것들이었습니다.

헬렌은 그렇게 한 자 한 자 글자를 익혀 6월 17일에는 처음으로 사촌인 앤 조지에게 편지를 써 보냈습니다.

　　헬렌이 쓰는 편지입니다. 앤은 나에게 사과를 주겠다고 했지요? 심슨은 새를 잡았어요. 잭은 나에게 과자를 줄 테고, 의사 선생님은 내 동생 밀드렛에게 약을 줄 거예요. 어머니는 밀드렛에게 새 옷을 지어 주시고요.

헬렌은 머리가 좋았습니다. 한 번 가르쳐 준 낱말은 절대로 잊어버리지 않았습니다. 그래서 어느 새 400여 개의 낱말을 익혔고, 편지를 즐겨 쓰게 되었습니다.

이렇게 되자 설리번은 헬렌에게 점자를 가르쳤습니다. 점자는 점으로 이루어진 맹인용 글자입니다. 두꺼운 종이 위에 도드라진 점들을 일정한 방식으로 나타내어, 맹인의 손가락으로 만져서 읽을 수 있도록 했습니다.

헬렌은 점자를 익혀 마음껏 점자책을 읽을 수 있게 되었습니다.

1890년 3월 26일, 보스턴의 홀레스만 농아 학교에 입학한 헬렌은

학교의 많은 점자책들을 통해서 지식을 넓힐 수 있었습니다.
 헬렌은 학교에서 발성법을 배웠습니다. 선생님이 낱말 하나를 발음하면, 그 때마다 학생이 선생님의 입 모양을 만져 보고 그것

을 그대로 흉내내는 것이었습니다. 한 가지 발음을 익히려면 수백 번, 수천 번 되풀이해야 했습니다. 그러다 보면 목이 붓고 혀가 굳어져 밤새 앓아 누워야 했습니다. 그런 피눈물 나는 노력 끝에 헬렌은 마침내 말소리를 내게 되었습니다.

"여, 러……분, 좋은…… 아, 침, 이, 에, 요……."

서툴기는 하지만 말을 할 수 있게 되다니, 헬렌은 감격스러웠습니다. 설리번 선생님의 품에 안겨 뜨거운 눈물을 흘렸습니다.

"장하다, 헬렌! 나는 네가 해낼 줄 알았어."

설리번은 그림자처럼 따라다니며 헬렌을 도왔습니다.

헬렌이 1896년 케임브리지 여학원에 들어갔을 때는, 교실에서 선생님의 말을 듣는 대로 헬렌의 손바닥에 손가락으로 그 내용을 알려 주었습니다.

헬렌은 설리번의 도움과 피나는 노력 끝에, 하버드 대학의 래드클리프 칼리지에 당당히 합격할 수 있었습니다.

1902년 헬렌은 자신이 살아온 이야기를 기록한 책 《나의 삶》을 펴냈는데, 이 책 한 권으로 하루아침에 유명해졌습니다.

장애를 극복한 헬렌의 이야기는 많은 사람들에게 감동을 주었으며, 장애인들에게 큰 용기를 주었습니다.

헬렌의 이야기는 1918년에 영화로 만들어졌는데, 그녀 자신이 주인공으로 출연하여 화제가 되기도 했습니다.

헬렌은 1904년 대학을 졸업한 뒤에는 장애인들을 돕는 일에 온 힘을 쏟았습니다. 그리하여 1920년에는 실명 방지 협회가 만들어졌고, 1929년에는 미국 맹인들을 위한 국립 도서관이 세워졌습니다.

헬렌은 1930년까지 123개 도시를 돌며 249회의 연설을 했습니다. 헬렌의 이야기는 자신을 불행하다고 생각하는 사람들에게 희망을 안겨 주었습니다.

헬렌은 1968년 89살의 나이로 세상을 떠날때 까지 '빛의 천사'로서 장애인들을 돕는데 그 사명을 다했습니다.

과학자편

근대 과학의 선구자
갈릴레이

근대 과학의 아버지
뉴턴

《종의 기원》을 발표한 생물 학자
다윈

《곤충기》를 쓴 위대한 곤충 학자
파브르

과학의 어머니
퀴리부인

20세기 최대의 물리학자
아인슈타인

근대 과학의 선구자

갈릴레이

(1564~1642)

어려서는 이탈리아 피렌체 교외의 성 마리아 수도원에서 공부하고, 피사 대학에 들어가 의학을 공부했다. 이 무렵 '흔들이 운동의 등시성 원리'를 발견하고, 수학과 물리학에 푹 빠져 지냈다. 1589년 피사 대학의 수학 강사, 1592년 파도바 대학 교수가 되어 물리학 연구에 전념했다. 1609년 천체 망원경을 만들어 천문학에 있어 많은 발견을 하고, 1632년 《천문학 대화》라는 책을 발간하여 겉으로는 천동설을 지지하면서도 실질적으로는 지동설이 옳다고 밝혔다. 이 때문에 로마 교황청에 넘겨져 종교 재판을 받고 3년 동안 가택 연금을 당했다.

"**수도원** 생활은 재미있니? 못 보던 사이에 키가 훌쩍 자랐구나."

"그럼요. 수도원에 오길 잘했어요. 수사님들이 얼마나 잘 해 주시는데요. 이것저것 배운 것이 많아요."

갈릴레오 갈릴레이는 이탈리아 피렌체 교외의 바론브로사 거리에 있는 성 마리아 수도원에서 공부하는 학생이었습니다. 수도원에서 라틴 어, 신학, 수학 등을 배우고 있는데, 집에 다니러 온 것입니다.

갈릴레이는 수도원이 좋다고 입에 침이 마르도록 칭찬하고는 아버지에게 결심을 털어놓았습니다.

"아버지, 저는 수사가 되겠어요. 수도원에서 열심히 공부해서 하느님의 종으로 살겠어요."

아버지는 얼굴빛이 달라졌습니다.

"뭐, 뭐야? 가족하고 떨어져 수도원에서 평생을 살겠다고? 그건 안 돼!"

아버지는 단호하게 반대의 뜻을 밝혔습니다.

갈릴레이는 울상을 지었습니다.

"아버지, 왜 반대하시는 거예요? 저는 오랫동안 생각해서 결정한 거라고요. 허락해 주세요."

"이 녀석아, 너는 우리 집안의 장남이야. 네 밑으로 어린 동생이 셋이나 있는 거 알지? 열네 살 아래인 여동생, 열한 살 아래인 남동생, 그리고 아홉 살 아래인 여동생……. 아버지가 세상을 떠나면 네가 아버지를 대신해서 동생들을 돌봐야지. 수사가 될 바에는 차라리 내 밑에 와서 장사 일을 배워라. 내가 늙으면 가게를 물려줄 테니."

아버지는 이탈리아의 피렌체에서 옷감 가게를 하고 있었습니다. 그의 집안은 '피사의 사탑'으로 유명한 피사에서 대대로 살아온 명문 귀족 집안이었습니다. 그런데 아버지 대에 와서 가세가 기울어 장사를 하고 있었습니다.

아버지는 장남을 수사로 만들고 싶지 않았습니다. 그래서 갈릴레이가 수도원으로 돌아가자마자, 뒤쫓아가서 갈릴레이를 집으로 데리고 왔습니다. 아버지는 갈릴레이에게 가게 일을 돌보게 했습니다. 하지만 갈릴레이는 가게 일에는 관심이 없었습니다. 틈만 나면 과학 책이나 수학 책을 읽는 것이었습니다.

어느 날, 아버지는 갈릴레이를 불러 앉혔습니다.

"보아하니 너는 장사를 배워 내 가게를 물려받을 생각이 없는 모양이구나. 그래, 네가 하고 싶은 일이 무엇이냐?"

"아버지, 저는 수학이나 과학이 좋아요. 좀더 공부해서 과학자가 되고 싶어요."

"과학자가 되어서는 가난을 피할 수가 없어. 이왕 공부하여 집

안을 일으키려면 돈 잘 버는 의사가 되어야지. 대학에 들어가 의학 공부를 하도록 해라."

갈릴레이의 아버지는 언제나 가난하게 살았습니다. 장사가 서툴러 돈을 제대로 벌지 못했기 때문이었습니다. 그래서 아버지는 갈릴레이가 돈 잘 버는 직업을 얻기를 바랐던 것입니다.

갈릴레이는 아버지의 뜻을 거역할 수 없었습니다. 그 해 가을에 피사 대학에 들어가 의학 공부를 시작했습니다.

갈릴레이는 강의 시간이 즐겁지 않았습니다. 의학 강의를 듣고 있자니 하품밖에 안 나왔습니다. 생물체를 해부하여 그 구조를 공부하는 해부학 시간은 넌더리가 나도록 싫었습니다.

그러나 수학 시간은 달랐습니다. 리치 교수가 가르치는 이 시간은, 시간이 짧게 느껴질 만큼 흥미로웠습니다. 갈릴레이는 모르는 것이 있으면 리치 교수의 집에 가서 질문을 할 정도였습니다.

그즈음 갈릴레이는 우연히 운동장에서 공책 한

권을 주었습니다. 공책의 주인은 얼마 전 파도바 대학에서 전학 온 로시라는 학생이었습니다.

갈릴레이는 공책을 펼쳐 보고 눈이 번쩍 뜨였습니다.

'이게 뭐야? 아리스토텔레스의 물리학에 대해 공부한 내용이 적혀 있네?'

아리스토텔레스는 그리스의 철학자로, 물리학에도 뛰어난 업적을 남겼습니다.

그 무렵 갈릴레이는 물리학에 흥미를 느껴, 혼자서 아리스토텔레스의 물리학을 공부하고 있던 참이었습니다.

'이럴 수가! 아리스토텔레스가 주장한 학설을 비판하고 있어!'

갈릴레이는 로시라는 학생이 누구의 강의를 받아 공책에 이런 내용을 적었는지 궁금했습니다. 그래서 공책을 돌려주러 가서 로시에게 물었습니다.

"공책에 물리학 강의 내용이 적혀 있는데, 어느 교수로부터 강의를 받았니?"

"모레테 교수."

"모레테 교수? 파도바 대학 교수니?"

"응. 파도바 대학에서 가장 유명한 교수지."

"로시, 강의 내용을 보고 싶은데, 공책을 며칠만 빌려 주겠니?"

"그래."

갈릴레이는 공책을 처음부터 끝까지 자세히 읽었습니다. 그리고 쇠망치로 뒤통수를 얻어맞은 듯한 충격을 받았습니다.

'모레테 교수는 분명히 말하고 있어. 아리스토텔레스가 위대한 학자임에 틀림없지만, 그의 학설이 전부 옳지는 않다고. 틀린 곳도 많이 있다고.'

갈릴레이는 모레테 교수가 지적한 다음 부분에 눈길이 갔습니다.

아리스토텔레스는 떨어지는 물체의 속도는 무게에 따라 다르다고 주장한다. 즉, 높은 곳에서 여러 물체를 동시에 떨어뜨리면, 무거운 물체가 가벼운 물체보다 빨리 떨어진다는 것이다. 그러나 그것은 사실과 다르다. 무거운 물체나 가벼운 물체나 똑같은 속도로 떨어진다.

갈릴레이는 이 부분을 되풀이해 읽고는 생각에 잠겼습니다.

'누구의 주장이 옳을까? 진실을 알기 알기 위해서는 실험을 해 보는 수밖에 없다.'

갈릴레이는 나무 토막과 돌멩이를 들고 2층 강의실로 올라가서 두 가지를 동시에 떨어뜨렸습니다. 하지만 위에서 내려다보니 어느 쪽이 먼저 떨어졌는지 확인할 수 없었습니다.

'한두 번 실험해서는 알 수 없지. 앞으로 기회가 되면 집중적으

로 연구해 봐야겠다.'

그러던 어느 날이었습니다.

갈릴레이는 피사 성당에 미사를 드리러 갔다가 천장을 올려다보았습니다. 천장에는 램프가 길게 늘어져 있었습니다. 그런데 마침 바람이 불어 와 천천히 흔들리고 있는 것이었습니다.

갈릴레이는 신부의 설교가 이어지는 동안 램프만 눈으로 좇았습니다.

'신기한 일이군. 램프가 크게 흔들리거나 작게 흔들리거나 흔들리는 시간은 똑같아.'

갈릴레이는 자기 손목의 맥박을 재며 램프의 흔들리는 시간을 따져 보고 있었습니다.

'이제까지는 물건이 흔들리는 폭이 좁을수록 흔들리는 시간이 빠르다고 했는데……. 실제로는 그렇지 않은 걸.'

갈릴레이가 학생 때 발견한 원리가 바로 '흔들이 운동의 등시성 원리'입니다. 흔들이 운동은 물체가 흔들리는 폭의 크고 작음에 관계없이 흔들리는 시간이 일정하다는 것입니다. 즉, 흔들리는 시간은 흔들리는 폭이 아니라 흔들이의 길이에만 관계된다는 것이지요.

이러한 원리를 이용해 만들어진 것이 사람의 맥박을 재는 맥박계와 벽이나 기둥에 걸어 놓는 괘종시계입니다.

갈릴레이는 대학에 다니는 동안 전공인 의학보다 수학이나 물리학에 푹 빠져 지냈습니다.

하지만 그는 대학 졸업을 1년 앞두고 학업을 그만두어야 했습니다. 아버지의 장사가 안 되어 더 이상 학비를 댈 수 없었기 때문입니다.

집으로 돌아온 갈릴레이는 한동안 옷감 가게 일을 도우며 지냈습니다. 그러다가 1592년 리치 교수의 추천으로 피사 대학의 수학 강사로 들어갔습니다. 월급은 적었지만 자신이 원하던 물리학 연구에 몰두할 수 있었습니다.

갈릴레이는 아리스토텔레스의 학설을 본격적으로 실험해 보기로 했습니다. '여러 가지 물건을 높은 곳에서 떨어뜨리면 무거운 것은 가벼운 것보다 빨리 떨어진다.'는 주장이 사실인지 밝혀 보기로 한 것입니다. 갈릴레이는 학생들과 함께 책상 위에 무거운 돌멩이와 가벼운 나뭇조각을 올려놓았습니다. 그리고는 그것들을 동시에 떨어뜨렸습니다.

"어때? 돌멩이가 먼저 떨어졌나, 나뭇조각이 먼저 떨어졌나?"

"글쎄요. 너무 낮아서 잘 모르겠는데요."

"그럼 좀더 높은 곳에서 떨어뜨려 보지."

갈릴레이와 학생들은 학교 건물 옥상으로 올라갔습니다.

몇 사람은 건물 앞에 서서 물건이 떨어지는 것을 지켜보기로 했습니다.

갈릴레이는 무거운 돌멩이와 가벼운 나무 토막을 옥상에서 떨어뜨렸습니다.

그러자 이를 지켜보고 있던 학생들이 소리쳤습니다.

"선생님, 둘 다 똑같이 떨어졌어요!"

"그래? 그렇다면 아리스토텔레스의 학설이 틀렸다는 건데."

갈릴레이는 좀더 높은 곳에서 많은 사람들을 모아 놓고 실험을 하기로 했습니다.

"피사의 사탑이 우리 고장에서 가장 높지?"

"예, 높이가 56m나 되니까요."

피사의 사탑은 피사 성당에 있었습니다.

탑이 비스듬히 기울어져 있어 '사탑'이라 불리고 있었습니다.

갈릴레이가 피사의 사탑에서 실험을 하기로 한 날, 그 주위에는 많은 사람들이 모여들었습니다. 대부분 학생들이었지만 그 가운데는 천문학자인 마조니 교수도 있었습니다.

갈릴레이는 나무공과 쇠공을 여러 개 준비했습니다. 그리고 학생들에게 공을 쥐어 주어 사탑으로 올려보냈습니다. 2층부터 6층까지 학생들을 배치하여, 각자 자기 위치에서 공을 떨어뜨리기로 한 것입니다.

갈릴레이는 2층을 올려다보며 소리쳤습니다.

"2층, 준비됐나? 자, 시작!"

갈릴레이가 팔을 하늘을 향해 높이 들었다가 내렸습니다.

그러자 2층에 있는 학생들은 나무공과 쇠공을 아래로 떨어뜨렸습니다.

"쿵!"

두 개의 공은 거의 동시에 땅에 떨어졌습니다.

3층, 4층, 5층, 6층……. 계속해서 공을 떨어뜨렸지만 결과는 마찬가지였습니다.

마조니 교수가 갈릴레이에게 다가와 악수를 했습니다.

"축하하오. 굉장한 실험이었소. 나는 아리스토텔레스의 학설이 잘못되었다는 것을 오늘 이 두 눈으로 똑똑히 확인했지."

"감사합니다. 다른 교수님들도 마조니 교수님처럼 이 실험을 지켜봤어야 했는데, 참석하시지 않아서 유감입니다."

실험은 성공했지만 피사 대학의 교수들은 갈릴레이를 비난했습니다.

"애송이 대학 강사 주제에 뭘 안다고 떠들어? 뭐, 대학자인 아리스토텔레스의 학설이 잘못된 것을 증명했다고? 누가 그런 거짓말을 믿을 줄 알아?"

그 당시 학자들은 아리스토텔레스를 하늘처럼 믿고 있었습니다. 따라서 그가 한 말은 모두 옳다고 생각하고 있었습니다. 그러니 갈릴레이가 아무리 실험에 성공했다고 해도 그것을 인정하지 않는 것은 당연한 일이었습니다.

'답답하구나. 이러한 현실 속에서 어떻게 연구 활동을 할 수 있겠는가?'

갈릴레이는 피사 대학을 그만두고 파도바 대학으로 옮겼습니다. 파도바 대학은 갈릴레이의 실력을 인정해 주어 연구에 전념할 수 있었습니다.

갈릴레이는 파도바 대학에서 수학과 천문학을 맡아 강의했습니다.

1609년 그는 네덜란드에서 망원경이 발명되었다는 소식을 들었습니다. 그래서 그 망원경을 바탕으로 하여 천체 망원경을 만들었습니다. 그것은 달과 별을 관측할 수 있는 획기적인 것이었습니다. 갈릴레이는 이 천체 망원경으로 달의 표면이 매끈매끈하거나 평평하지 않고, 은하수는 별들로 이루어져 있으며, 토성의 둘레가 고리로 둘러싸여 있다는 사실 등을 알아냈습니다.

그가 천체를 관찰하면서 얻은 결론은 코페르니쿠스가 옳고 프톨레마이오스가 틀렸다는 것이었습니다.

프톨레마이오스는 2세기경에 활동했던 고대 그리스의 학자였습니다. 그는 지구는 우주의 중심이라고 주장했습니다. 밤하늘의 별도 달도 태양도 지구 주위를 돌고 있다는 것이었습니다. 이것을 '천동설'이라고 합니다.

로마 교황청에서는 천동설을 지지해 왔고, 코페르니쿠스가 나타나기 전까지 이것을 부정하는 사람은 아무도 없었습니다.

코페르니쿠스는 독일계의 폴란드 천문학자였습니다.

그는 천체의 운동을 연구하고 나서 1543년 다음과 같은 주장을 했습니다.

지구는 우주의 중심이 아니다.
태양은 우주의 중심에 정지해 있고, 지구는 스스로 돌면서 태양의 둘레를 돌고 있다.
지구는 금성, 목성, 화성, 토성 등 태양의 둘레를 도는 여러 개의 혹성 가운데 하나인 것이다.

이러한 주장을 '지동설'이라고 합니다.

로마 교황청에서는 지동설을 주장하는 사람은 종교 재판에 넘겨 화형에 처했습니다. 하느님과 교회의 법을 어겼다는 것이 이

유였습니다.

갈릴레이는 코페르니쿠스의 학설이 옳다고 믿었습니다.

그래서 1632년에는 《천문학 대화》라는 책을 출판했습니다. 겉으로는 천동설을 지지하면서도 실질적으로는 지동설이 옳다고 밝힌 책이었습니다.

이 책이 출판되자 로마 교황청은 갈릴레이를 종교 재판에 넘겼습니다.

재판장은 갈릴레이에게 물었습니다.

"피고는 천동설을 믿는가, 지동설을 믿는가?"

갈릴레이는 눈을 감았습니다. 죽느냐 사느냐의 갈림길이었습니다. 여기서 지동설을 믿는다고 하면 바로 화형에 처해질 것입니다.

'나는 살고 싶다. 살아서 학문을 더 연구해야 한다.'

갈릴레이는 눈을 떴습니다. 그리고 자신의 연구를 부정하는 말을 했습니다.

"나는 천동설을 믿습니다. 지동설은 잘못된 학설입니다. 앞으로는 지구가 태양의 둘레를 돈다는 따위의 말을 하지 않겠습니다."

그러나 갈릴레이는 속으로 이렇게 외치고 있었습니다.

'그래도 지구는 돈다. 바로 이 순간에도 어김없이 태양의 둘레

를 돌고 있다.'

갈릴레이는 간신히 화형을 면했지만 3년 동안 집 안에 갇혀 지내야 했습니다. 그는 감시를 당하면서도 마지막 남은 힘을 다해 《새 과학의 대화》라는 책을 썼습니다.

1642년 1월 8일, 갈릴레이는 죽기 전에 이런 말을 했습니다.

"나는 미켈란젤로가 죽은 해에 태어났다. 내가 죽은 해에는 누가 태어날까?"

그런데 그 말에 답이라도 하듯, 그 해 12월에 태어난 것은 영국의 과학자인 뉴턴이었습니다.

근대 과학의 아버지

뉴턴
(1642~1727)

영국 동부의 링컨 주에서 태어나, 케임브리지 대학에서 수학과 물리학을 배웠다.
1667년 반사 망원경을 발명했으며, 1669년 케임브리지 대학 교수로 임명되었다.
그리고 1672년 왕립 학회 회원이 되어 빛과 색에 대한 새로운 이론을 내놓았다.
또한, 1676년에는 수학 분야에 있어 미분과 적분을 연구했으며,
1679년에는 만유인력의 법칙을 수학으로 설명했다.
그 뒤 결혼도 하지 않고 86세까지 살며 국회의원 조폐국 장관,
왕립 학회 회장, 그리니치 천문대 감독 위원장 등의 다양한 사회 활동을 했다.

새 소리도 잠이 든 깊은 밤이었습니다.

아이작 뉴턴의 어머니인 한나는 그 때까지도 잠 못 들고 몸을 뒤척이고 있었습니다. 그녀 옆에는 어린 뉴턴이 새근새근 잠들어 있었습니다. 한나는 몸을 일으켜 뉴턴을 내려다보았습니다.

1642년 12월 25일, 영국 동부의 링컨 주 그랜덤 근처에 있는 울즈소프 마을에서 아버지도 없이 일곱 달 만에 태어난 아들이었습니다. 아버지 아이작 뉴턴(아들과 같은 이름)은 아들이 태어나기 석 달 전에 유행성 폐렴으로 세상을 떠났던 것입니다.

아들은 석 달이나 빨리 태어나 몸무게가 1.3kg에 되지 않았습니다. 얼마나 작은지 양말 속에 쏙 들어갔습니다.

그런 아들을 한나는 정성을 다해 키웠습니다. 그리하여 세 살이 된 지금은 건강하고 튼튼한 아이로 자라났습니다.

"아이작, 너를 남겨 두고 떠나야 하다니……. 이 엄마를 용서해 다오."

뉴턴을 바라보는 한나의 두 눈에는 어느 새 눈물이 고여 있었습니다.

날이 밝으면 한나는 어린 아들을 외할머니에게 맡겨 두고 이웃 마을로 떠나야 합니다. 이웃 마을 노우드위담에 사는 스미드라는 목사와 결혼하게 되었기 때문입니다.

스미드 목사는 한나와 결혼하는 조건으로 뉴턴 집안에 땅을 주기로 했습니다. 해마다 50파운드를 벌어들일 수 있는 기름진 땅이었습니다. 이 땅만 있으면 뉴턴과 외할머니가 살아가는 데는 부족함이 없을 것이었습니다.

다음 날 한나는 어린 아들을 남겨 두고 이웃 마을로 떠났습니다. 그 날부터 뉴턴은 외할머니와 단둘이 살아야 했습니다.

뉴턴은 말이 없고 조용한 아이였습니다. 동네 아이들과 어울려 노는 것 보다 혼자서 놀기를 좋아했습니다. 집 안에만 틀어박혀 무엇인가를 만들며 시간을 보내는 것이었습니다.

연도 만들고 바람개비도 만들었습니다. 어떤 날은 쇠망치나 톱으로 바퀴 달린 의자를 만들거나 장난감 배를 만들기도 했습니다.

마을 사람들은 뉴턴이 만든 물건을 보고 칭찬을 아끼지 않았습니다.

"일곱 살도 안 된 아이가 이렇게 멋지게 만들었어? 믿어지지 않네."

"아이작은 재능을 타고난 아이야. 나중에 목수로 성공하겠어."

뉴턴은 초등학교에 가서도 만들기에 열중했습니다. 이제는 어른도 만들기 힘든 물건을 척척 만들어 내 주위 사람들을 놀라게 했습니다.

뉴턴에게는 울즈소프 마을에서 가까운 콜스타워스 지방에서 목사로 일하는 외삼촌이 있었습니다. 그의 이름은 제임스인데, 이따금 뉴턴을 만나러 와 말벗이 되어 주었습니다.

어느 날, 외삼촌이 찾아와서 말했습니다.

"아이작, 그 동안 잘 지냈니? 나하고 바람이나 쐬러 갈까?"

"좋아요, 외삼촌. 풍차 있는 데로 가요."

마을에서 멀리 떨어진 언덕에 풍차가 서 있었습니다. 빙글빙글 돌아가는 풍차는 바라만 봐도 좋았습니다. 하지만 가까이 가서 풍차를 구경한 적은 한 번도 없었습니다.

"외삼촌, 풍차는 누가 돌리는 거예요?"

뉴턴은 외삼촌과 언덕을 향해 걸어가면서 물었습니다.

외삼촌이 대답했습니다.

"풍차는 바람이 돌리는 거야. 여러 개의 날개를 붙인 바퀴를 높은 곳에 달아서 바람에 회전하도록 만들었지. 그렇게 풍차를 돌려 곡식을 빻는 거란다."

뉴턴은 언덕으로 가서 풍차 앞에 섰습니다.

거인 같은 풍차가 커다란 바퀴를 돌리고 있었습니다.

뉴턴은 눈을 크게 뜨고 소리쳤습니다.

"와아, 풍차가 어마어마하게 커요! 외삼촌, 저도 똑같은 풍차를 만들어 보겠어요."

외삼촌이 빙그레 웃으며 말했습니다.

"만들기가 쉽지 않을 텐데……. 그래도 아이작은 솜씨가 좋아서 잘 만들 거야."

"두고 보세요. 멋지게 만들어서 보여 드릴게요."

뉴턴은 풍차를 꼼꼼하게 살피며 그 모습을 머릿속에 담아 두었습니다. 그리고는 집으로 돌아와 풍차를 만들기 시작했습니다. 나무 토막을 톱으로 자르고 대패로 밀어 탑을 만든 뒤, 둥근 바퀴를 만들어 붙였습니다.

외삼촌은 뉴턴이 만든 풍차를 보고 눈이 휘둥그레졌습니다.

"어쩜 그렇게 순식간에 풍차를 만들었니? 눈썰미가 대단하구나. 풍차를 한 번 보고 왔는데도 이렇게 똑같이 만들다니."

외삼촌은 뉴턴의 뛰어난 솜씨에 혀를 내둘렀습니다.

뉴턴은 손재주는 좋았지만 학교 성적은 형편 없었습니다. 만들기에 푹 빠져 공부는 전혀 하지 않았기 때문이었습니다.

뉴턴은 수업 시간에도 선생님의 말씀을 듣지 않았습니다. 머릿속으로 끊임없이 무엇인가를 만들고 있었습니다. 남들이 보았을 때는 멍하니 앉아 있는 것 같았지만 그게 아니었습니다.

어느 날, 학교에서 해시계에 대해 공부하게 되었습니다. 그 날 따라 뉴턴은 흥분된 얼굴로 선생님께 말했습니다.

"선생님, 해시계를 보여 주며 쉽게 설명하셔야지요. 선생님이 무슨 말씀을 하시는지 아이들이 전혀 이해하지 못하잖아요. 제가 집에서 해시계를 만들었는데, 같이 가서 보실래요?"

담임 선생님은 깜짝 놀라는 표정을 지으며 뉴턴에게 말했습니다.

"해시계를 만들었다고? 아이작이 훌륭한 재주를 가지고 있구나. 그래, 수업이 끝나고 해시계를 보러 가자."

선생님은 반 아이들을 데리고 뉴턴의 집으로 갔습니다. 과연 그의 집 마당에는 눈금을 새긴 돌 위에 막대가 세워져 있어, 그림자의 위치로 시간을 알 수 있게 되어 있었습니다. 아이들은 해시계로 시간을 재어 보고 신기하다는 표정을 지었습니다.

선생님이 웃으며 말했습니다.

"아이작, 고맙구나. 덕분에 뜻 깊은 수업이 되었어. 다른 반 아이들에게도 구경시켜야겠는걸."

선생님의 칭찬을 받고 뉴턴은 어깨가 으쓱해졌습니다. 수업 시간에 딴전을 피운다고 꾸중만 들었는데, 칭찬을 받기는 처음이었습니다. 이 때 만든 해시계는 런던 왕립 협회에 오늘날까지 보관되어 있다고 합니다.

1655년 초등학교를 졸업하자, 외삼촌은 뉴턴을 킹스 학교에 입학시켰습니다. 킹스 학교는 중·고등학교 과정을 가르치는 학교 인데, 고향 마을에서 11km쯤 떨어져 있는 그랜덤 시에 있었습니다. 뉴턴은 처음에는 마차를 얻어 타고 학교에 다녔습니다. 하지만 집에서 다니기에는 너무 멀어 학교 근처에 하숙을 얻었습니다.

뉴턴의 하숙방은 클라크 약국 2층에 있었습니다. 하숙집 주인은 클라크 씨 부부로, 스토리라는 양딸을 기르고 있었습니다.

뉴턴은 킹스 학교에 진학해서도 학교 성적이 엉망이었습니다. 학교에서 돌아오면 공부는 하지 않고, 여전히 만드는 일에 푹 빠져 있었던 것입니다.

스토리는 뉴턴 또래였습니다. 뉴턴의 방을 드나들며 뉴턴과 친해졌습니다.

"오늘은 뭘 만드니?"

"책장."

"책을 가지런히 꽂아 두려고?"

"응."

스토리는 방 안을 둘러보았습니다. 방 안에는 흔한 책꽂이 하나 없어 책들이 어지럽게 흩어져 있었습니다.

"아이작, 며칠 있으면 내 생일인데, 생일 선물로 뭘 줄 거니?"

"으음, 예쁜 의자를 만들어 줄까?"

"정말? 고마워."

며칠 뒤, 뉴턴은 스토리를 자기 방으로 불렀습니다.

스토리는 의자를 보고 기뻐했습니다.

"나 주려고 만든 거니? 정말 멋지다!"

"마음에 들어하니 다행이다."

스토리는 기쁨에 찬 얼굴로 의자에 앉았습니다. 뉴턴은 그 모습을 보며 빙그레 웃었습니다.

스토리는 뉴턴이 처음이자 마지막으로 사랑한 여자였습니다. 뉴턴은 그녀가 먼저 결혼해 버리자, 평생 결혼하지 않고 혼자 살았습니다.

어느 날, 뉴턴은 교실에서 덩치 큰 아이들과 싸웠습니다. 아이들이 뉴턴을 바보라고 놀려 댔기 때문이었습니다.

"너희들 함부로 말할래? 내가 왜 바보니?"

"너는 공부를 못하잖아. 성적은 바닥을 헤매고 있고……. 그러니 바보가 틀림없지."

뉴턴은 분해서 견딜 수가 없었습니다. 그래서 자기보다 큰 아이들을 모조리 때려눕혀 버렸습니다.

"이제 사과해. 나한테 바보라고 한 거."

"아, 알았어. 우리가 잘못했어."

아이들은 금세 기가 죽어 뉴턴에게 사과했습니다.

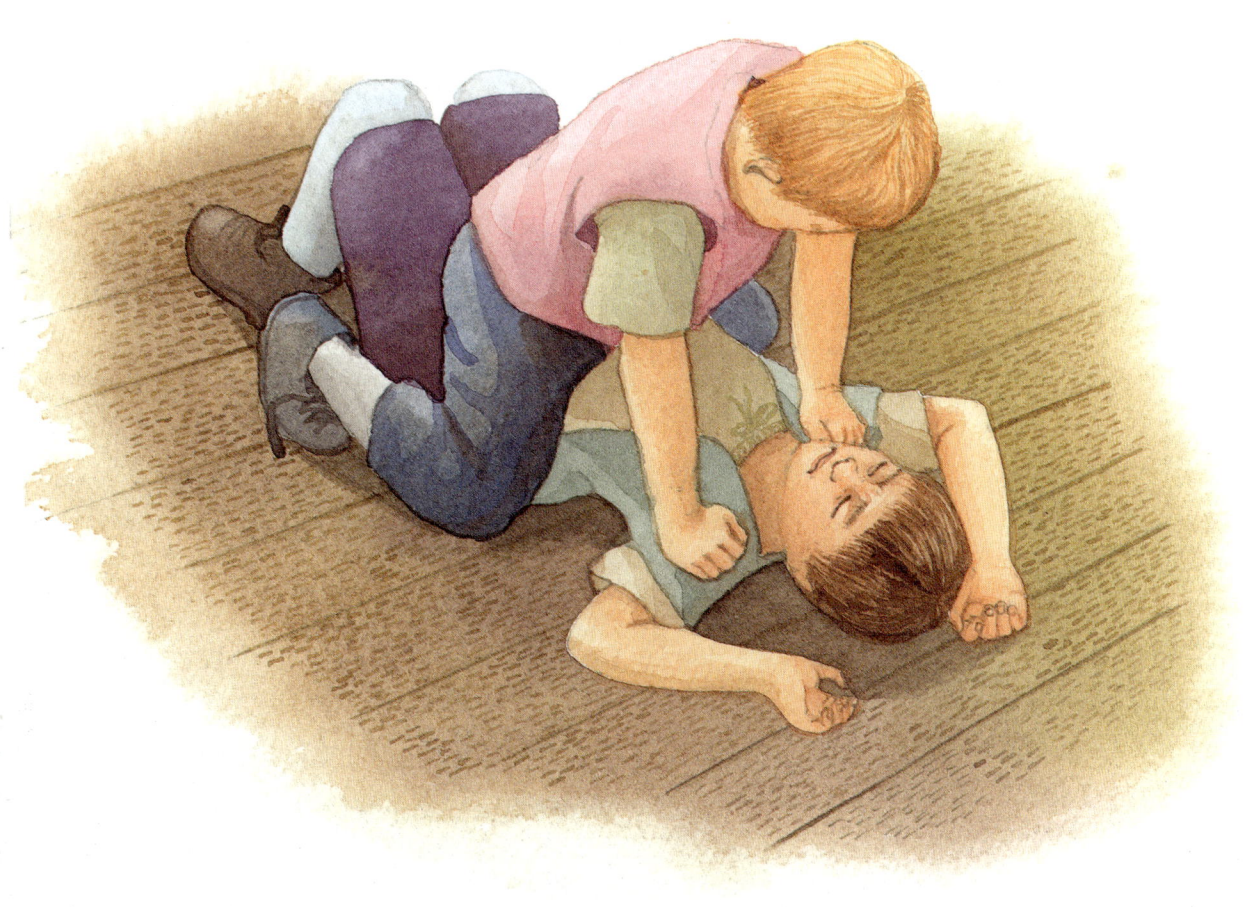

뉴턴은 그 날 있었던 일을 잊을 수가 없었습니다. 그래서 정신을 차리고 공부에 열중했습니다. 그리하여 다음 시험에서는 우수한 성적을 거둘 수 있었습니다.

뉴턴은 그 뒤부터 완전히 달라졌습니다. 학교 공부에 힘쓰면서 과학에 관한 책을 열심히 구해 읽었습니다.

뉴턴이 2학년이 되었을 때였습니다. 외삼촌이 하숙방을 찾아왔습니다.

"아이작, 같이 집에 가자. 어머니가 돌아오셨어."

어머니가 새아버지가 돌아가셔서 남동생 하나에 여동생 둘, 이렇게 3남매를 데리고 집에 와 있다는 것이었습니다.

고향 집에는 갑자기 식구가 늘어났습니다. 뉴턴은 가장이 되어 학교를 그만두고 농사일을 도와야 했습니다.

그로부터 2년 동안 그는 고향에 묻혀 살았습니다. 아침부터 저녁까지 농사일에만 매달려야 했습니다.

그러나 뉴턴은 일을 하다 말고 딴전을 부리기 일쑤였습니다. 양 떼를 몰고 들판으로 갈 때는 양이 달아나는 줄도 모르고 과학책에 빠져 있었습니다. 그런가 하면 과학책에 있는 대로 직접 기계를 만들어 보기도 했습니다.

어머니는 이런 아들이 못마땅해서 외삼촌이 찾아오자 잔뜩 불평을 늘어놓았습니다.

"아이작 때문에 속상해 죽겠어. 농사일은 뒷전이고 책에만 정신이 팔려 있으니……. 며칠 전에는 시내로 농기구를 사러 보냈더니, 농기구 가게에는 들르지도 않고 책방에서 시간을 보내고 있는 거야."

외삼촌은 조용히 듣고 있다가 이렇게 말했습니다.

"누님, 아이작에게는 농사일이 맞지 않아요. 그저 공부만 해야 할 아이라고요. 그러니 억지로 붙잡아 두지 말고 다시 학교에 보냅시다."

외삼촌은 어머니를 설득했습니다. 그래서 뉴턴은 2년 만에 학교로 돌아가 다시 공부를 하게 되었습니다.

1661년 킹스 학교를 졸업한 뉴턴은 케임브리지 대학의 트리니티 칼리지에 들어갔습니다.

킹스 학교의 스토크스 교장 선생님의 추천으로 대학에서 장학금을 받으며 공부할 수 있었습니다. 그는 수학·물리학 등 과학의 기초 지식을 열심히 배웠습니다.

1665년 대학을 졸업한 뉴턴은 학교에 남아 연구를 계속하기로 했습니다.

그런데 그 해 여름, 영국에는 페스트라는 전염병이 돌았습니다. 얼마나 무서운 병인지 런던 인구의 10분의 1이 목숨을 잃었습니다. 학교도 문을 닫게 되어 그는 고향으로 내려갔습니다.

학교는 18개월 뒤인 1667년에야 문을 열었는데, 뉴턴은 세계를 깜짝 놀라게 할 수학과 과학의 이론들을 이 시기에 다질 수 있었습니다.

어느 날, 뉴턴은 집 근처에 있는 사과나무 밑에 앉아 골똘히 생각하고 있었습니다.

'지구는 태양의 주위를 돌고 있고, 달은 지구의 주위를 돌고 있다. 지구나 달이 멀리 달아날 수도 있는데, 어째서 일정한 거리를 유지하며 돌고만 있는 걸까? 여기에는 달아나려는 것을 막는 힘이 작용하는 게 아닐까? 그렇다면 그 힘의 정체는 무엇일까?'

그 때였습니다. 사과 하나가 툭 떨어져 그의 어깨를 치고 풀밭으로 굴렀습니다. 뉴턴은 깜짝 놀라 주위를 둘러보았습니다. 풀밭에 사과 하나가 떨어져 있었습니다. 순간, 이런 생각이 머리를 스치고 지나갔습니다.

'사과가 왜 풀밭에 떨어졌지? 태양이 있는 하늘로 치솟지 않고……. 여기에는 뭔가 알 수 없는 힘이 작용한 게 아닐까? 어떤 힘이 사과를 땅으로 잡아당겨, 사과가 위나 옆으로 향하지 않고 똑바로 아래로만 떨어진 게 아닐까?'

뉴턴은 학교로 돌아와 그에 대한 연구에 매달렸습니다. 십여 년이 흐른 뒤에야 그 연구 결과를 발표했는데,

이것이 '만유인력의 법칙'입니다. 만유인력의 법칙은, 우주에 있는 모든 물체 사이에는 서로 끌어당기는 힘이 있다는 것입니다. 그래서 지구와 태양과 달뿐만 아니라 우주에 있는 모든 별들이 서로 부딪치지 않고 질서를 유지할 수 있다는 것입니다.

뉴턴은 1669년에 케임브리지 대학의 교수가 되었습니다. 스물여덟 살의 젊은 나이였습니다.

뉴턴은 지칠 줄 모르고 연구를 계속했는데, 수학 분야에서 미분과 적분을 연구하면서, 1667년 발명한 반사 망원경으로 빛과 색에 대해 연구했습니다. 이 두 가지 연구 성과는 만유인력의 법칙과 함께 뉴턴의 3대 업적으로 꼽히고 있습니다.

뉴턴은 잠자는 시간을 빼고는 밤낮없이 연구에 몰두했습니다. 연구에 열중한 나머지, 달걀을 삶을 때 달걀 대신 회중시계를 냄비 속에 넣었을 정도였습니다. 또한, 식사 시간이 아까워 선 채로 밥을 먹었다는 이야기도 전해집니다.

뉴턴은 결혼도 하지 않고 86세까지 살며 국회의원, 조폐국 장관, 왕립 학회 회장, 그리니치 천문대 감독 위원장을 지내는 등 사회 활동도 활발하게 했습니다.

그는 세상을 떠나기 얼마 전에 자신의 연구 업적을 되돌아보며, '조개 껍데기가 널려 있는 바닷가에서 조그만 조개 껍데기 하나를 주웠을 뿐이다.'라고 겸손하게 말하기도 했습니다.

1727년 3월 20일, 뉴턴이 과학자로서의 삶을 마치자, 포우프라는 영국 시인은 뉴턴을 기리며 이런 시를 썼습니다.

    자연과 자연 법칙이
    어둠 속에 감추어져 있을 그 때,
    신은
    "뉴턴이여, 나오라!"
    라고 외쳤다.
    그리하여 만물이 빛을 발하였다.

《종의 기원》을 발표한 생물학자

다윈
(1809~1882)

영국 서부의 슈즈베리 주에서 의사의 아들로 태어나,
에든버러 대학에서 의학을 공부했다. 그러나 의학에 흥미를 잃어,
케임브리지 대학으로 옮겨 신학을 전공했다. 그렇지만 대학 시절에
동물학·식물학·광물학·지질학 등 박물학에 흥미를 가져,
졸업 후에는 군함 비글 호를 타고 남아메리카의 해안과 섬을 일주하며
지질과 동식물 등을 조사·연구했다.
5년간의 답사 여행 기록을 정리하여 1839년 《비글 호 항해기》를 출간했으며,
1859년에는 동식물 자료를 가지고 연구를 계속하여 《종의 기원》을 펴냈다.
저서로 《비글 호 항해기》, 《비글 호 탐험 보고 동물학》,
《종의 기원》, 《인간의 유래》 등이 있다.

"**찰스야**, 우리 낚시하러 가는데 같이 갈래?"

"어디로 가는데?"

"어디긴 어디야, 호수로 가지."

찰스 다윈의 집으로 친구들이 찾아왔습니다. 그들은 낚싯대와 미끼 상자를 챙겨 들고 있었습니다.

다윈은 빈손으로 친구들을 따라나섰습니다. 낚시를 하러 가기는 처음이었습니다. 호숫가에 닿자 친구들은 낚시를 하려고 물가에 앉았습니다. 친구들은 다윈에게도 낚싯대 하나를 주더니, 미끼 상자에서 벌레를 꺼내 낚싯바늘에 끼웠습니다.

다윈이 우두커니 서 있자 친구들이 재촉했습니다.

"뭘 꾸물거리니? 고기를 잡으러 왔으면 낚싯바늘에 미끼를 끼우고 낚시를 시작해야지."

다윈은 고개를 절레절레 흔들었습니다.

"난 도저히 못하겠어. 살아 있는 벌레를 어떻게 낚싯바늘에 끼우니? 너무 잔인하잖아. 벌레들이 불쌍해."

친구들은 어이없다는 듯 웃었습니다.

"얘 좀 봐. 벌레들이 불쌍하면 뭐 하러 낚시를 왔어? 미끼도 없이 고기를 낚겠다는 거니?"

"응, 그래. 내가 알아서 낚시를 할 테니까 상관하지 마."

다윈은 빈 낚싯대를 물 속에 담갔습니다.

미끼가 있어도 고기를 쉽게 낚지 못하는 것이 낚시였습니다. 다윈은 그 날 고기를 한 마리도 낚을 수 없었습니다.

다윈은 어려서부터 동물과 식물을 좋아했습니다. 그의 고향인 영국 중서부 지방의 슈즈베리에는 울창한 숲과 호수가 있었습니다. 그래서 늘 자연을 벗하며 지낼 수 있었습니다. 다윈은 처음 보는 식물이나 신기한 돌이 있으면 집으로 가져왔습니다. 그의 집 마당에는 그렇게 해서 모은 것들이 수북이 쌓여 있었습니다.

다윈은 새알을 찾아 온 들판을 헤매고 다니기도 했습니다. 새들이 어디에 알을 낳는지 알아보기 위해서였습니다.

그래서 둥지를 찾아 새알 다섯 개를 꺼내 왔는데, 집에 와서 생각하니 가슴이 아팠습니다.

"새알이 모두 없어진 것을 알면 어미새가 얼마나 슬퍼할까? 나를 무척 원망하겠지?"

다윈은 어미새가 불쌍해 새알을 다시 둥지에 넣어 두고 왔습니다.

1818년 그는 동네에 있는 학교에 다니다가 버틀러 학교에 들어갔습니다. 집을 떠나 학교에서 먹고 자며 공부하는 학교였습니다.

다윈은 학교에서 한 친구를 사귀었는데, 《세계의 진기》라는 책을 갖고 있었습니다.

다윈은 그 책을 대충 훑어보고 친구에게 말했습니다.

"진기한 동물, 식물에 대한 이야기책이네. 재미있겠다. 이 책 나한테 빌려 줄래?"

"좋아, 빌려 가."

다윈은 이 책을 읽고 깜짝 놀랐습니다. 이 세상에 진기한 동물, 식물이 그렇게 많을 줄은 꿈에도 생각하지 못했던 것입니다.

'세상은 넓고 동물과 식물의 종류도 많구나. 나도 어른이 되면 세계를 돌아다니며 동물, 식물들을 관찰해 봐야지.'

다윈은 6남매 가운데 다섯째였습니다. 밑으로 누이동생이 하나 있고, 위로 누나 셋과 형 에라스무스가 있었습니다. 다윈이 아홉 살 때 어머니가 돌아가셔서 아버지 로버트 밑에서 형제들과 의지하며 지내고 있었습니다. 형 에라스무스는 에든버러 대학에서 의학을 전공하고 있었습니다. 화학을 좋아하여, 방학 때 집에 오면 실험에 열중했습니다.

다윈은 늘 방학이 기다려졌습니다. 방학이 되면 집에 가서 형을 도와 실험을 할 수 있기 때문이었습니다.

"찰스, 너는 나보다 화학 실험을 더 좋아하는구나?"

"헤헤, 그렇게 보여? 사실 학교에 가면 이 실험 기구들이 머릿속에 어른거려.

'실험을 할 수 있게, 방학아 빨리 오너라!' 하고 날마다 기도하면서 지내고 있어."

그 말은 사실이었습니다.

다윈은 실험에 미쳐 있었던 것입니다. 그런데 다윈이 방학마다 실험으로 시간을 보낸다는 소문은 학교 선생님 귀에까지 들어갔습니다.

선생님은 다윈을 불러 호통을 쳤습니다.

"하라는 공부는 안 하고 그게 무슨 짓이야? 엉뚱한 일에 정신이 팔려 있으니 성적이 그 모양이지. 그럴 시간이 있으면 그리스 어로 쓰여진 시나 한 편 더 외워라!"

다윈은 학교 성적이 별로 좋지 않았습니다.

학교에서는 날마다 시를 외우게 했는데, 제대로 외우지 못해 선생님한테 야단맞은 일이 한두 번이 아니었습니다.

선생님은 다윈이 실험에 빠져 있다고 '가스'라는 별명을 붙여 주었습니다. 화학 실험을 할 때 가스가 많이 나온다고 선생님 마음대로 지은 별명이었습니다.

다윈의 집안은 의사 집안이었습니다. 다윈의 할아버지인 에라스무스는 시인, 자연 과학자로도 활동했던 유명한 의사였습니다.

그는 생물을 깊이 연구하여 《동물학》이라는 책을 펴냈는데, 그는 책에서 생물의 조상은 어떻게 생겨났고 어떤 과정을 거쳐 변해 왔는지 자세히 밝혀 놓았습니다. 에라스무스의 책은 생물의 진화론에 대해 쓴 것이었는데, 다윈은 이 책을 읽고 큰 영향을 받았습니다.

다윈의 큰아버지인 찰스, 아버지인 로버트도 의사였습니다. 로버트는 환자들을 잘 치료할 뿐 아니라 친절하고 지혜로워서 고향 사람들에게 존경을 받았습니다.

아버지는 다윈도 의사가 되기를 원했습니다. 그래서 1825년 다윈이 버틀러 학교를 졸업하자 에든버러 대학에 보내 의학을 공부하게 했습니다.

그러나 다윈은 의학에 흥미를 느낄 수 없었습니다. 강의는 지루하기만 했고, 공부가 점점 더 싫어졌습니다.

그러던 어느 날, 다윈은 실습 시간에 외과 수술 광경을 난생 처음 보게 되었습니다. 수술을 받을 환자는 어린 아이였습니다. 마차에 치어 급히 수술실로 실려 온 것이었습니다.

  수술대에 누운 아이는 공포에 질려 있었습니다. 의사가 칼을 아이의 몸에 대었기 때문이었습니다.

  "으악! 엄마야, 아파! 아프단 말이야!"

  수술이 시작되자 아이는 미친 듯이 울부짖었습니다. 고통을 못 이겨 마구 몸부림쳤습니다.

  당시만 해도 외과 수술에서는 마취제를 쓰지 않았기 때문에 수술을 받는 환자들은 엄청난 고통을 겪어야 했습니다.

  "아파! 아파! 제발 살려 줘!"

  아이는 눈동자가 하얗게 되어 고래고래 소리를 질렀습니다.

  다윈은 가슴이 찢어지는 듯 아팠습니다.

  '환자에게 저런 고통을 주면서까지 수술을 해야 하는가? 도저히 눈뜨고 볼 수 없구나.'

  다윈은 수술실에서 뛰쳐나오고 말았습니다.

  '나는 벌레 한 마리도 내 손으로 죽이지 못한다. 그런데 저 끔찍한 수술을 내가 과연 해낼 수 있을까?'

  다윈은 수술 광경을 보고 나서 의학이 더더욱 싫어졌습니다. 이 때부터 그는 의사가 될 공부는 하지 않고 다른 강의실을 기웃거리기 시작했습니다.

다윈이 관심을 갖은 학문은 동물학, 식물학, 광물학, 지질학 등 박물학 분야였습니다. 지질학, 동물학 등의 강의실을 들락거리다가 박물관이나 도서관에 가서 살다시피 했습니다. 동식물 표본을 조사하거나 동식물에 관한 책을 읽으며 시간을 보내는 것이었습니다. 다윈은 박물관에서 그랜트라는 친구를 만났습니다.

그랜트는 바다에 사는 생물을 연구하고 있었습니다.

"자네도 동물에 대해 관심이 많군. 동물을 연구하려면 바다에 사는 생물을 먼저 연구해야 해."

다윈은 그랜트의 권유로 바닷가에도 자주 나갔습니다.

게나 새우 등 바다 생물을 관찰하고 조사하는 일이 너무도 재미있었습니다.

그는 그랜트를 통해 학자들을 소개받아 바다 생물에 대한 지식을 넓혀 나갔습니다.

한편, 고향에 있는 아버지는 다윈에 대한 소식을 들었습니다.

"의학 공부는 안 하고 동물이나 연구하러 다녀? 내가 그러라고 대학에 보낸 줄 알아? 당장 학교를 그만두고 집으로 돌아와!"

화가 난 아버지는 다윈을 고향으로 불러들였습니다.

"찰스야, 솔직히 말해 보거라. 너는 의사가 되고 싶지 않지?"

"예, 아버지."

"그렇다면 신학 공부를 하는 게 어떻겠니? 너는 마음이 곱고

착하니 존경받는 목사가 될 거야."

다윈은 아버지의 뜻에 따라 케임브리지 대학에 입학해 신학을 공부했습니다. 그러나 신학 역시 그의 흥미를 끌지는 못했습니다. 강의를 들으면 들을수록 지루하고 따분했습니다.

케임브리지 대학에는 식물학으로 유명한 존 헨슬로 교수가 있었습니다. 다윈은 그의 강의를 들어 보고는 넋을 빼앗겼습니다. 일찍이 들어 본 적이 없는 명강의였습니다. 다윈은 헨슬로 교수에게 식물학뿐 아니라 동물학, 광물학, 지질학 등 박물학의 모든 것을 배웠습니다. 다윈에게 가장 많은 영향을 미친 사람이 바로 헨슬로 교수였습니다.

1831년 케임브리지 대학을 졸업한 다윈은 고향으로 내려갔습니다. 그 때 다윈 앞으로 헨슬로 교수의 편지가 날아들었습니다.

영국 해군의 군함 비글호가 남아메리카의 해안과 섬을 일주하는 측량 여행을 떠난다고 하네. 그런데 이 배에서는 동식물을 조사하여 보고서를 쓸 박물학자를 구하고 있는데,

생각 있다면 내가 적극적으로 추천하겠네.

다윈은 기뻐서 어쩔 줄을 몰랐습니다. 남아메리카의 해안과 섬의 지질과 동식물 등을 조사·연구할 수 있는, 놓칠 수 없는 기회였습니다.

1831년 12월 27일, 비글 호를 타고 영국의 플리머드 항구를 출발한 다윈은 긴 항해를 시작했습니다. 그는 가는 곳마다 배에서 내려 지질과 동식물을 조사했습니다.

다윈이 남태평양의 갈라파고스 군도에 갔을 때였습니다. 그는 제임스 섬에 5주일 간 머물렀는데, 1839년 출판한 《비글 호 항해기》라는 책에서 이렇게 밝혔습니다.

갈라파고스 군도에 있는 생물들은 드물고 진귀하여 주의 깊게 보아야 한다. 다른 지역에서는 찾아볼 수 없는 종류의 생물들이다. 그런데 희한한 것은, 갈라파고스 군도에 있는 생물들은 같은 생물이라도 섬마다 모두 종류가 다르다는 사실이다.

다윈은 거북을 예로 들었습니다. 섬마다 거북의 종류가 달라, 어느 거북이 어느 섬에 살고 있는지 금방 알 수 있다는 것입니다.

섬과 섬 사이의 거리는 멀어 봐야 100km 정도였습니다. 섬들은 지형도 비슷하고 기후도 같았습니다.

'동물뿐 아니라 식물도 섬마다 종류가 다르다. 어째서 이런 일이 생기는 걸까? 자세히 비교해 보면 어딘가 닮아 있는데……'

다윈은 깊은 생각에 잠겼습니다.

'갈라파고스 군도에 있는 생물들은 남아메리카에서 건너왔을 거야. 그런데 섬에 갇혀 살다 보니 오랜 세월을 두고 조금씩 끊임없이 변화해 왔겠지. 즉, 주위 환경에 적응해 가면서 진화해 온 거야.'

1836년 영국으로 돌아온 다윈은 자신이 수집하거나 관찰한 동식물의 자료를 가지고 오랜 세월 동안 연구를 계속했습니다. 그리하여 51세가 되는 1859년에 《종의 기원》이라는 책을 펴낼 수 있었습니다. 《종의 기원》은 세상을 발칵 뒤집어 놓았습니다.

"다윈이 주장한 대로라면 인류의 조상은 원숭이라는 거잖아."

"다윈은 엉터리야. 성경의 가르침을 무시하고 있어."

이렇게 다윈의 이론을 비난하는 사람들이 있는가 하면, "이 책에는 생물이 진화해 왔다는 것을 증명하는 증거들이 제시되어 있어. 그러니 생물의 진화를 인정하지 않을 수 없지."라며 이렇게

다윈의 학설을 지지하는 사람도 있었습니다.

1860년 6월 29일, 옥스퍼드 대학에서는 영국 학술 협회 총회가 열렸습니다. 이 자리에는 다윈이 나오지 않았지만, 다윈의 학설을 놓고 토론이 벌어졌습니다. 이 때 다윈의 학설을 지지하는 헉슬리라는 학자가 말했습니다.

"저는 인류의 조상이 원숭이라 해도 조금도 부끄럽지 않습니다. 다만 과학에 대해 잘 알지도 못하는 사람들을 조상으로 모시는 것이 더 부끄러울 따름입니다."

이 토론으로 다윈은 하루 아침에 유명해졌습니다. 많은 학자들이 다윈의 학설을 연구하게 되었으며 《종의 기원》은 고전으로 남게 되었습니다.

다윈은 세상의 논쟁에도 아랑곳없이 연구를 계속하다가 1882년 4월 9일, 세상을 떠났습니다.

《곤충기》를 쓴 위대한 곤충 학자

파브르
(1823~1915)

프랑스 남쪽 아베롱 현 생 레옹에서 태어나 아비뇽 사범 학교를 졸업하고 카르팡트라스 초등학교, 아야치오 중학교, 아비뇽 중학교에서 교사를 지냈다. 식물학자 탕동 교수의 권유로 곤충에 대한 연구를 시작했다. 1855년 대모벌에 대한 연구 결과를 논문으로 써서 발표한 이래 많은 논문을 썼다. 딱정벌레, 거미, 전갈, 쇠똥구리. 메뚜기, 귀뚜라미 등 곤충에 대한 중요한 연구를 했다. 1869년 학교 교사를 그만두고 곤충 연구에 전념하여, 1871년에는 《어린이를 위한 과학책》, 1879~1907년까지 《곤충기》(전 10권)를 완성했다.

프랑스 남쪽 말라바르에 있는 산골 마을에서, 한 소년이 헐레벌떡 집 안으로 뛰어 들어오고 있었습니다.

"할아버지, 할아버지!"

"왜 그러냐?"

"하늘에 떠 있는 해님은 입으로 보지 않고 눈으로 보는 거죠?"

"앙리, 그게 무슨 소리냐?"

할아버지는 어리둥절한 얼굴로 손자를 보았습니다.

앙리가 씩씩한 목소리로 말했습니다.

"저는 오늘에서야 확실히 알았어요. 입을 벌려 봐야 해님이 보이지 않는다는 걸요. 해님의 눈부신 빛은 눈을 떠야 보였어요."

할아버지는 어이없다는 듯 웃음을 터뜨렸습니다.

"녀석도 엉뚱하기는…… 해님을 눈으로 보지 입으로 보니?"

세계적인 곤충학자 장 앙리 파브르. 그는 어렸을 때부터 호기심이 많았습니다. 궁금한 것이 있으면 잠시도 참지 못했습니다.

파브르는 네 살 때 부모님 곁을 떠나 할아버지 댁에 와서 살았습니다. 끼니를 걱정할 만큼 집이 몹시 가난했기 때문입니다.

할아버지 댁 주위에는 풀숲이 있었는데, 아름다운 풀벌레 울음소리가 들려왔습니다.

'어느 녀석이 이렇게 귀여운 소리를 내는 거지? 새일까, 벌레일까?'

호기심 많은 파브르가 이 소리를 듣고 그냥 지나칠 리가 없었습니다. 그는 풀숲을 뒤져 소리의 주인공을 찾아냈습니다.
　"하하, 네가 그렇게 아름다운 소리로 울었구나. 그런데 네 이름은 뭐니?"
　파브르는 풀벌레를 손에 쥐고 뚫어지게 보았습니다. 풀벌레는 울음을 그치고 얌전히 있었습니다.

파브르는 집으로 달려와 할아버지에게 물었습니다.

"할아버지, 이 녀석의 이름이 뭐예요?"

할아버지는 파브르가 가지고 있는 풀벌레를 보았습니다.

"이건 베짱이 아니냐? 용케도 잡았구나."

"조금 데리고 놀다가 놓아 줄 거예요. 베짱이한테도 집에서 기다리는 할아버지, 할머니가 계실 테니까요."

"허허, 그 녀석. 베짱이를 끔찍이도 생각하는구나. 기특하다."

할아버지는 파브르의 머리를 쓰다듬어 주었습니다.

파브르는 풀숲에 사는 곤충들을 무척이나 좋아했습니다. 풀무치, 무당벌레, 나비, 잠자리, 쇠똥구리……. 이들은 모두 그의 친구였습니다. 곤충들을 만나러 풀숲을 헤매고 다니다 보면 하루가 부족할 정도였습니다.

그러나 파브르는 할아버지 댁에 오래 머무를 수 없었습니다. 여덟 살이 되어 학교에 다녀야 했기 때문입니다.

파브르는 고향 생 레옹의 부모님 집에 와서 학교에 입학했습니다. 학교는 이웃 마을에 있는 피에르 리카르라는 사람의 집이었습니다. 피에르 선생님은 이발사를 겸하고 있었습니다. 그래서 아이들을 가르치다가 손님이 오면 머리를 깎아 주어야 했습니다. 그러니 수업이 제대로 될 리가 없었습니다.

교실이라고 해 봐야 책상과 걸상 몇 개가 놓인 허름한 창고였습니다. 그 창고도 칸막이로 나누어 놓아, 옆방은 돼지와 닭을 가두어 놓은 우리였습니다. 문이 열리면 돼지와 닭들이 교실로 몰려 들어와 수업을 방해하기 일쑤였습니다.

선생님과 학교가 이런 형편이니, 파브르는 제대로 공부를 할 수가 없었습니다. 2학년이 되어도 글을 깨치지 못하고 있었습니다.

아버지는 파브르를 볼 때마다 깊은 한숨을 내쉬었습니다.

'빨리 글을 깨쳐야 할 텐데 큰일이네.'

아버지는 혼자 근심을 하던 어느 날, 시장에서 괘도(벽에 걸게 되어 있는 지도나 그림 같은 것)를 한 장 사 가지고 왔습니다. 동물 그림이 그려져 있고, 그 밑에 동물 이름이 씌어져 있는 괘도였습니다.

파브르는 괘도를 벽에 붙여 놓고 동물 이름을 외우기 시작했습니다. 그렇게 시간을 보내다 보니 자연스레 글을 깨칠 수 있었습니다.

파브르가 혼자서 책을 읽게 되자, 아버지는 책방에서 책을 사다 주었습니다. 《라퐁텐 우화집》이라는 책이었습니다.

파브르는 이 책을 읽고 또 읽었습니다. 그러는 가운데 책을 좋아하게 되었습니다.

파브르네 집은 농사를 지으며 가축을 기르고 있었습니다. 그러나 날이 갈수록 집안 형편이 어려워져 갔습니다.

어느 날, 아버지는 긴 한숨을 내쉬며 어머니에게 말했습니다.

"농사를 지어 봐야 빚만 늘어나고, 더 이상 고향에서 못 살겠소. 큰 읍으로 나가 장사를 하는 게 어떻겠소?"

"그래요. 농촌에서 살아 봐야 희망이 없으니, 읍내에서 음식점을 하는 게 어때요? 당신도 알다시피 내가 음식 솜씨가 좋잖아요."

1833년 파브르의 가족은 생 레옹 마을을 떠나 로데라는 읍으로 이사했습니다. 그리고 그 곳에 음식점을 차렸습니다.

그러나 장사는 잘 되지 않았습니다. 손님이 없어 아버지, 어머니의 근심은 커져 갔습니다.

아버지는 파브르를 학교에 보내 주었습니다. 고향 학교와는 비교할 수 없게 제법 큰 학교였습니다.

그런데 아버지는 파브르에게 특별한 주문을 했습니다.

"너는 반드시 학교 예배당의 성가대에 들어가야 한다. 성가대원이 되어야 학비를 면제받을 수 있거든. 알겠지?"

학교에 다니려면 어쩔 수 없었습니다. 파브르는 성가대원이 되어 억지로라도 노래를 불러야 했습니다.

그러는 사이 세월은 흘러, 파브르는 열다섯 살이 되었습니다. 집안 형편은 여전히 어려웠고, 파브르의 가족은 1837년 툴루스 시로 이사를 갔습니다.

그러나 툴루스 시에서도 장사에 실패하여, 얼마 뒤에는 몽페리에라는 도시로 이사를 갔습니다.

아버지는 거듭되는 실패로 지칠 대로 지쳐 있었습니다.

아버지의 얼굴은 늘 어두웠고, 틈만 나면 한숨을 쉬었습니다.

그러던 어느 날, 아버지는 가족을 모아 놓고 말했습니다.

"우리는 이제 더 이상 함께 살 수가 없구나. 그 동안 진 빚으로 이 집을 비워 주어야 해."

아버지의 눈에는 눈물이 그렁그렁했습니다.

며칠 뒤, 파브르의 가족은 뿔뿔이 흩어졌습니다. 저마다 살 곳을 찾아가 혼자 힘으로 살아가야 했습니다.

파브르는 열다섯 살밖에 되지 않았지만 닥치는 대로 일했습니다. 거리에서 과일 장사를 하는가 하면, 철로 공사장에서 막노동도 마다하지 않았습니다.

한번은 책방에 들렀는데, 루브르 시집이 눈에 띄었습니다. 그는 하루 품삯을 털어 그 시집을 샀습니다.

공원 벤치에 앉아 시집을 읽다 보니 저녁때가 되었습니다. 풀숲에서는 풀벌레 울음소리가 들려왔습니다.

파브르는 눈물을 흘리며 시집을 덮었습니다.

'나한테는 너희들이 있었지? 잊지 않고 나를 찾아 주는구나.'

파브르는 그 후로는 바쁜 생활 가운데서도 곤충을 관찰하며 지냈습니다. 그는 뒷날 어려웠던 이 시절을 떠올리며 이렇게 밝혔습니다.

나는 배가 난파하여 뗏목 위에서 굶어 죽더라도 곤충만은 잊지 못할 것이다.

파브르는 고달픈 생활을 하면서도 열심히 공부했습니다. 그리하여 1839년 9월, 아비뇽 사범 학교에 1등으로 합격할 수 있었습니다.

파브르는 장학생이 되어 무료로 먹고 자며 공부했습니다.

1842년 사범 학교를 졸업한 그는 공립 학교인 카르팡트라스 초등학교에 교사로 부임했습니다. 학생들과 과학 실험도 하며 다른 선생님들보다 열정적으로 학생들을 가르쳤습니다. 학생들은 모두 그를 좋아했으며 교장 선생님의 신임을 얻었습니다.

학교에는 마리라는 처녀 선생님이 있었습니다. 1844년 10월 3일, 파브르는 마리와 결혼하여 행복한 가정을 꾸리게 되었습니다.

1849년 파브르는 코르시카 섬의 아야치오 중학교로 옮겼습니다. 그가 맡은 과목은 물리였습니다.

나폴레옹의 고향인 코르시카 섬은 생물의 낙원이었습니다. 그

곳에는 파브르가 지금까지 보지 못했던 온갖 동물과 식물들이 살고 있었습니다. 파브르는 틈만 나면 식물이나 곤충을 찾아 온 섬을 헤매다녔습니다.

그러던 중, 식물학자인 루키앙 교수와 그의 스승인 탕동 교수가 섬으로 식물 답사를 왔습니다. 섬에 대해 잘 알고 있는 파브르가 이들을 친절히 안내해 주었습니다.

탕동 교수가 파브르에게 말했습니다.

"파브르 씨, 어려서부터 곤충을 좋아했다고 하셨죠? 그럼 이제부터라도 곤충에 대해 깊이 연구하는 것이 어떻겠습니까? 이 섬은 곤충의 천국이니 좋은 성과를 얻을 수 있을 거예요."

파브르는 탕동 교수의 권유에 정신이 번쩍 들었습니다.

'그래, 내가 잘할 수 있는 일은 곤충에 대한 연구야. 이 일에 내 평생을 바치는 거야.'

파브르는 이 때부터 곤충에 대한 연구를 시작했습니다. 학교 수업이 끝나면 곤충을 찾아다니며 그 생태를 자세히 기록했습니다.

그런데 파브르는 코르시카 섬을 곧 떠나야 했습니다. 무서운 열병에 걸려 남프랑스로 가서 치료를 받아야 했기 때문입니다.

파브르는 열병이 물러가자 아비뇽 중학교로 옮겼습니다. 그는 아비뇽에서도 곤충 연구를 계속했습니다.

그가 관심을 가진 곤충은 대모벌이었습니다. 파브르는 대모벌

그가 관심을 가진 곤충은 대모벌이었습니다. 파브르는 대모벌이 애벌레의 먹이를 어떤 방법으로 얻는지 자세히 관찰했습니다. 그래서 알아 낸 것은, 대모벌이 딱정벌레의 몸에 침을 놓아 옴짝달싹 못하게 한 뒤, 자기 집으로 날아와 애벌레에게 먹이로 준다는 사실이었습니다. 그러면 애벌레는 딱정벌레를 뜯어먹으며 자라나는 것입니다. 파브르는 이 연구 결과를 논문으로 써서 1855년 『자연 과학 연보』에 발표했습니다.

이 논문은 학계에 비상한 관심을 모았습니다. 학자들은 칭찬을

아끼지 않았으며, 프랑스 학사원에서는 파브르에게 학술상을 주었습니다.

그 뒤 파브르는 여러 가지 곤충을 연구했습니다. 딱정벌레, 거미, 전갈, 쇠똥구리, 메뚜기, 귀뚜라미 등 그가 관찰하지 않은 곤충은 거의 없었습니다.

파브르는 1869년 학교 교사를 그만두고 세리냥으로 이사해 곤충 연구를 계속했습니다.

이 때부터는 곤충 이야기를 쓰기 시작하여 1871년에는 《어린이를 위한 과학책》을 펴냈으며, 1879년에는 걸작 《곤충기》 1권을 발간하기에 이르렀습니다.

《곤충기》는 파브르가 2~3년에 한 권씩 내어 1907년까지 전 10권으로 완간한 책입니다. 이 책에는 벌, 파리, 투구벌레, 나비, 나방, 잠자리, 귀뚜라미 등 218가지 곤충들이 살아가는 모습이 생생히 담겨 있습니다. 오랜 관찰과 연구를 거쳐 세상에 내놓은 세계적인 걸작으로 곤충 이야기를 쉽고도 재미있게 써서 문학 작품으로서도 높이 평가되고 있습니다.

파브르는 평생을 가난하게 살았습니다. 글을 써서 얻은 수입으로 살아가야 했기 때문에 생활이 어려울 수밖에 없었습니다.

뒤늦게 이런 사실을 알게 된 과학자, 문학가, 철학자, 수학자들은 힘을 모아 파브르를 도와 주었습니다. 그리고 1910년 4월 3일을 '파브르의 날'로 정하여 파브르를 위로해 주었습니다.

곤충의 친구로 평생을 보낸 파브르는 93세가 되는 1915년 11월 11일 하늘나라로 떠났습니다.

그의 시신은 세리냥 마을 근처에 묻혔으며, 무덤가에는 그의 영원한 친구인 곤충들이 끊이지 않았습니다.

과학의 어머니

퀴리 부인

(1867~1934)

제정 러시아 치하에 있던 폴란드의 바르샤바에서 자라나
18세 때부터 가정 교사 일을 했다. 25세에 프랑스 유학을 떠나
소르본 대학에서 수학과 물리학을 전공했다.
그리고 1895년 피에르 퀴리와 결혼하여 방사능에 대한 공동 연구를 시작했다.
그리하여 1898년 폴로늄과 라듐을 발견, 이 공로로 1903년 베크렐과 함께
노벨 물리학상을 받았다. 1906년 남편이 교통 사고로 죽은 뒤에는
소르본 대학 교수가 되어 연구를 계속했으며,
1910년 순수한 라듐 금속을 만들어 내는 데 성공해 이듬해 노벨 화학상을 받았다.

벨이 낮게 울렸습니다. 러시아 장학관이 학교를 찾아왔다는 것을 알리는 벨 소리였습니다. 수위 아저씨가 비상 신호를 보낸 것입니다.

선생님이 다급한 목소리로 말했습니다.

"여러분, 우리말 교과서를 감추세요. 그리고 바느질 도구를 꺼내세요."

아이들은 선생님이 시키는 대로 했습니다. 폴란드 역사책을 감추고 바느질감을 꺼내 바느질을 시작한 것입니다.

당시에 폴란드는 러시아의 지배를 받고 있었습니다. 학교에서는 폴란드 말을 쓰지 못하게 했습니다. 그 대신 러시아 말로 된 책으로 공부하고 러시아 말만 쓰게 했습니다.

그러나 선생님들은 그 명령이 옳지 않다고 생각했습니다. 그래서 선생님들은 러시아 장학관들 모르게 학생들에게 폴란드 말과 역사를 가르쳤습니다.

러시아 장학관은 연락도 없이 불쑥 학교를 찾아오곤 했습니다. 그리고는 러시아 말로 수업하고 있는지 조사하고 갔습니다.

이윽고, 교실 문이 열리더니 러시아 장학관이 교장 선생님과 함께 나타났습니다. 러시아 장학관은 뒷짐을 진 채 아이들을 천천히 둘러보았습니다.

"지금은 가정 실습 시간이오?"

러시아 장학관이 묻자 교장 선생님이 대답했습니다.

"예, 그렇습니다. 일주일에 두 시간씩 배우고 있는데, 오늘은 바느질 공부를 하고 있습니다."

"바느질 공부도 좋지만, 더 중요한 것은 러시아 말과 러시아 역사를 배우는 것이오. 이 학교에서도 모두들 열심히 배우고 있겠지요?"

"물론입니다."

"그럼 어디 제대로 배웠는지 알아볼까? 교장 선생님, 학생 하나를 불러 주세요. 물어 볼 것이 있으니까."

"예, 알겠습니다."

교장 선생님은 학생들을 훑어보았습니다.

그 순간, 마냐는 가슴이 두근거렸습니다. 이 교실에서 가장 공부를 잘하는 것은 마냐였기 때문입니다.

'교장 선생님은 틀림없이 나를 지명하실 거야.'

마냐가 이런 생각을 했을 때였습니다. 아니나 다를까, 교장 선생님은 마냐를 쳐다보며 말습니다.

"마냐 스클로도프스카, 일어서요."

"네, 교장 선생님."

마냐는 떨리는 가슴을 가라앉히고 천천히 일어섰습니다.

러시아 장학관은 마냐를 거만스레 보며 입을 열었습니다.

"너한테 몇 가지를 묻겠다. 먼저, 이제까지 우리 러시아를 다스리신 황제의 이름을 예카테리나 2세부터 차례대로 말해 보아라."

러시아 장학관의 물음에는 러시아 말로 대답해야 했습니다.

마냐는 막힘없이 술술 대답했습니다.

"예카테리나 2세, 폴 1세, 알렉산드르 1세, 니콜라이 1세……."

"알고 있구나. 그럼 또 묻겠다. 황제의 존칭은 어떻게 부르지?"

"폐하라고 부릅니다."

"지금 우리를 다스리시는 분은?"

"알렉산드르 2세 폐하이십니다."

"나를 뭐라고 부르지?"

"장학관 각하라고 부릅니다."

마냐가 러시아 말로 척척 대답하자, 러시아 장학관은 만족스러운 얼굴이 되었습니다.

"그래, 아주 잘 대답했다."

장학관은 고개를 끄덕이더니 다음 교실로 갔습니다.

마냐는 두 손으로 얼굴을 감쌌습니다. 그리고 참았던 울음을 터뜨렸습니다.

선생님이 다가와 마냐를 안아 주었습니다.

"마냐, 서러워도 참아야 한다. 언젠가는 우리말을 떳떳이 쓸 날이 꼭 올 거야."

이렇게 말하는 선생님의 눈가에도 이슬이 맺혀 있었습니다.

이 어린 마냐 스클로도프스카가, 뒷날 라듐을 발견하여 노벨상을 두 번이나 받게 되는 세계적인 물리학자 퀴리 부인입니다.

마냐는 1867년 11월 7일, 폴란드의 수도 바르샤바에서 태어났습니다. 5남매 가운데 막내딸이었습니다.

아버지는 중학교에서 수학과 물리를 가르치는 선생님이었고, 어머니는 마냐를 낳을 때까지 여학교 선생님이었습니다.

마냐는 어려서부터 책을 좋아했습니다. 틈만 나면 아버지의 서재로 가서 책을 읽었습니다.

아버지의 서재에는 유리문이 달린 장이 있었는데, 그 안에는 유리관, 유리 그릇, 저울 등이 들어 있었습니다.

어느 날, 마냐는 서재에 있는 아버지에게 물어 보았습니다.

"아버지, 저 안에 있는 것들은 무엇에 쓰는 거예요?"

아버지는 마냐가 가리키는 물건들을 보았습니다.

"유리관, 유리 그릇, 저울 말이지? 저것들은 물리 실험용 기구란다. 물리 실험을 할 때 쓰는 물건들이지."

마냐는 물리 실험이 무엇인지 몰랐습니다. 그래도 그것이 신기하고 재미있는 일일 거라는 생각이 들었습니다.

마냐는 여덟 살이 되자 초등학교에 입학했습니다. 그런데 그 해에 큰언니 조샤가 장티푸스에 걸려 세상을 떠나고 말았습니다. 겨우 열여섯 살의 어린 나이였습니다.

불행은 여기에서 그치지 않았습니다. 그즈음 아버지는 친척에게 사기를 당해 3만 루블이라는 큰돈을 잃었으며, 마냐가 열두 살 때는 어머니까지 폐병에 걸려 세상을 떠났습니다.

그러나 마냐는 마음을 다잡고 열심히 공부했습니다. 그래서 초등학교는 물론 국립 여학교도 일등으로 졸업할 수 있었습니다.

마냐는 공부를 더 하고 싶었습니다. 하지만 폴란드에서는 대학에서는 여학생을 뽑지 않았습니다. 따라서 공부를 계속하려면 프랑스나 독일 등 다른 나라로 유학을 가야 했습니다.

'우리 집안 형편으로는 유학을 갈 수 없어. 나도 브로냐 언니처럼 가정 교사 일을 해서 돈을 벌어야 해.'

마냐의 언니인 브로냐는 여학교를 졸업한 뒤 가정 교사를 하며 집안 살림을 돕고 있었습니다. 브로냐 역시 프랑스로 유학을 가서 의학을 공부하고 싶었지만, 집안 형편이 어려워 유학은 꿈도 못 꾸고 있었습니다.

어느 날, 마냐가 브로냐에게 말했습니다.

"언니, 프랑스 파리로 유학을 가고 싶지? 그럼 당장 떠나도록 해. 학비는 내가 벌어서 보내 줄 테니까. 그 대신 대학을 졸업해서 의사가 되면 언니가 나를 도와 줘. 나도 파리로 가서 공부를 할 거니까."

"마냐, 어쩜 그런 생각을 다 했니? 고맙다."

브로냐는 눈물을 흘리며 마냐의 손을 꼭 잡았습니다. 얼마 뒤, 브로냐는 프랑스 파리로 유학을 떠났습니다.

그리고 마냐는 돈 많은 집의 가정 교사로 들어가 언니의 학비를 벌었습니다.

세월이 흘러 마냐는 스물다섯 살이 되었습니다. 이 때 파리에서 반가운 소식이 날아들었습니다.

마냐, 그 동안 고생 많았다. 나는 대학을 졸업해 의사가 되었어. 같은 폴란드 사람인 가지미르 도루스키라는 결혼도 했단다. 이번에는 네가 공부할 차례이니 어서 파리로 오너라.

마냐는 언니의 편지를 받고 뛸 듯이 기뻤습니다.

'아, 나도 이제 유학을 갈 수 있게 되었어. 이런 날이 오기를 얼마나 손꼽아 기다렸는지 몰라.'

마냐는 파리에 가서 소르본 대학에 입학했습니다. 1891년 11월의 일이었습니다.

마냐는 언니의 집에 머물며 학교에 다녔습니다.

그러나 학교가 너무 멀어 얼마 뒤에는 학교 근처에 방을 얻어 혼자 지냈습니다.

마냐는 대학에서 수학과 물리학을 전공했는데, 너무 재미있어서 쉬지 않고 공부했습니다. 한겨울에는 석탄을 아끼려고 난로도 때지 않고 새벽까지 공부했습니다. 방이 어찌나 추운지 물그릇에 얼음이 얼 정도였습니다.

이러한 노력은 헛되지 않았습니다. 마냐는 1893년 물리학 학사 시험에서 1등으로 합격했으며, 다음 해에는 수리 과학 학사 시험에서 2등으로 합격했습니다.

마냐는 소르본 대학을 졸업한 뒤 유명한 물리학자인 리프만 교수의 연구실에서 조교로 일했습니다.

이 때 피에르 퀴리라는 젊은 물리학자를 만났는데, 둘은 서로 사랑하는 사이가 되었습니다. 그리하여 1895년 7월 25일, 두 사람은 결혼식을 올렸습니다. 마냐가 퀴리 부인이 된 것입니다.

두 사람은 파리 시내에 방 세 개짜리 아파트를 얻어 신혼 살림을 차렸습니다. 피에르는 물리·화학 학교 교사로 근무하며 학교에 딸린 창고에서 물리학 연구를 했습니다. 퀴리 부인 또한 창고로 나와 남편을 도와 가며 연구를 해 나갔습니다.

1897년에는 큰딸 이렌느가 태어나고, 1904년에는 작은딸 에바가 태어났습니다. 뒷날 이렌느는 부모님의 뒤를 이어 유명한 물리학자가 되어, 남편 졸리오와 함께 인공 방사능 원소를 발견해 1935년 노벨 화학상을 받게 됩니다.

퀴리 부인은 아이들을 키우면서도 연구를 게을리하지 않았습니다.

어느 날 밤, 퀴리 부인이 남편에게 말했습니다.

"박사 논문을 써야겠어요. 베크렐 교수가 우라늄 광석에서 발견한 광선을 주제로 다뤄 보고 싶어요."

"재미있는 논문이 되겠군. 함께 연구해 봅시다."

퀴리 부부는 연구를 시작하여, 토륨도 우라늄과 마찬가지의 방사능을 발사한다는 것을 발견하고 '방사능'이라는 이름을 붙였습니다. 또한, 우라늄 광물 피치블렌드가 우라늄 자체보다도 강한 방사능을 보인다는 것을 알아 내고, 그 속에서 새로운 물질 폴로늄과 라듐을 발견했습니다. 이 두 원소는 방사능 원소로 발견된 최초의 것으로, 라듐의 방사능은 엄청난 것이었습니다.

1903년 퀴리 부부는 방사성을 발견한 공로로 베크렐과 함께 노벨 물리학상을 받았습니다.

그런데 그로부터 3년 뒤, 퀴리 부인에게 충격적인 소식이 전해졌습니다. 남편 피에르가 비 오는 날 파리의 거리에서 마차에 치어 숨졌다는 것입니다.

퀴리 부인은 하늘이 무너진 것 같았습니다. 남편의 시신 앞에서 목놓아 울었습니다.

남편의 장례를 마친 뒤, 퀴리 부인은 몇 달 동안 아무 일도 하지 않았습니다. 집 안에 들어앉아 넋을 놓고 하루하루를 보냈습니다.

그러던 어느 날, 퀴리 부인은 피에르가 언젠가 자신에게 해 준 말이 떠올랐습니다.

'여보, 무슨 일이 있어도 연구를 계속해야 하오. 그것이 우리에게 맡겨진 사명이오.'

순간, 퀴리 부인은 정신이 번쩍 들었습니다.

'그렇다. 내게는 연구해야 할 학문이 있다. 남편의 말대로 내게 맡겨진 사명을 다해야 한다.'

그 날부터 퀴리 부인은 연구실에 틀어박혀 연구에 몰두했습니다.

1906년 퀴리 부인은 피에르의 뒤를 이어 소르본 대학의 교수가 되었습니다. 여성 교수가 나온 것은 소르본 대학이 생긴 이래 처음이었습니다.

　퀴리 부인은 1910년 순수한 라듐 금속을 만들어 냈는데, 이 공로로 1911년 노벨 화학상을 받았습니다. 여성 과학자로서 노벨상을 두 번이나 받은 것입니다.

　그러나 퀴리 부인의 말년은 불행했습니다. 건강이 점점 나빠지더니 고통스러운 병이 찾아왔습니다. 진찰을 받아 보니 백혈병이었습니다. 오랫동안 방사능에 노출되어 있었기 때문에 이런 병에 걸린 것입니다.

　1934년 7월 4일, 퀴리 부인은 68세의 삶을 마쳤습니다.

　그리고 그로부터 61년이 지난 1995년 4월 20일, 퀴리 부인은 남편 피에르와 함께 파리 팡테옹 신전으로 이장되었습니다. 팡테옹 신전은 프랑스의 역대 위인들이 묻혀 있는 곳으로, 여성으로서는 사상 처음이었습니다.

20세기 최대의 물리학자
아인슈타인
(1879~1955)

독일 남부 울름에서 태어나 일 년 뒤 뮌헨으로 이사해 유년 시절을 보냈다. 1900년 스위스 연방 공과 대학을 졸업하여 스위스 특허국의 관리로 일했으며, 물리학 연구에 몰두하여 1905년 특수상대성이론, 광양자이론, 브라운운동의 이론을 발표했다. 이러한 연구 성과로 세계적인 물리학자로 떠올랐으며 취리히 대학, 프라하의 독일 대학, 스위스 연방 공과 대학, 베를린 대학으로부터 초빙을 받아 대학 교수로서 연구를 계속했다. 1916년 '일반상대성이론'을 발표했으며, 1921년 노벨 물리학상을 받았다.

1884년의 어느 날 독일 뮌헨에서 전기 공장을 운영하고 있는 헤르만 아인슈타인은 집을 향해 가고 있었습니다.

'알베르트가 감기에 걸려 며칠째 누워 있지?'

알베르트 아인슈타인의 아버지 헤르만은 몸이 약한 여섯 살짜리 아들 때문에 걱정이었습니다. 잔병치레가 심해 자주 앓아 누웠던 것입니다.

'또래보다 발육이 늦어, 세 살이 되어서야 겨우 말을 하기 시작했지. 그 때는 벙어리가 아닌가 하고 걱정 했는데……'

헤르만은 집으로 가는 길에 가게에 들러, 알베르트에게 줄 선물을 샀습니다. 그리고 발걸음을 재촉하여 집에 닿았습니다.

"알베르트, 몸은 좀 어때? 열이 많이 내렸구나."

아버지는 아들의 이마를 만져 보고 호주머니에 손을 넣었습니다. 그리고는 조그마한 상자 하나를 꺼내 알베르트에게 주었습니다.

"아빠, 이게 뭐죠?"

"응, 네게 주는 선물이란다. 나침반이다."

"나침반이요?"

알베르트는 상자를 열어 나침반을 꺼냈습니다. 유리 뚜껑을 젖히자, 빨간 바늘이 북쪽을 가리키고 있었습니다.

"아빠, 이것이 뭐에 쓰는 물건이죠?"

"나침반은 방위를 알 수 있도록 만든 기구란다. 나침반을 보면 빨간 바늘이 북쪽을 가리키고 있지? 그래서 바다나 산에서 길을 잃었을 때 쉽게 방향을 찾을 수 있지."

알베르트는 나침반이 신기하고 재미있었습니다. 그래서 손에 쥔 나침반을 보고 또 보았습니다.

그 때 알베르트는 바이올린을 배우고 있었는데, 연주하는 것을 좋아했습니다. 어머니 파울리네가 음악을 좋아하여 어릴 적부터 바이올린을 가르쳐 준 것입니다. 누이동생 마야는 피아노를 배워 함께 연주를 하기도 했습니다.

1885년 알베르트는 초등학교에 들어갔습니다.

학교에는 유대인은 자기 한 사람뿐이었습니다. 아이들은 알베르트를 유대인이라고 따돌리면서, '촌놈'이라고 놀려댔습니다. 거짓말을 할 줄 모르고 말없이 혼자 지냈기 때문이었습니다.

알베르트는 학교가 무섭고 싫었습니다. 선생님들은 학생들을 군대식으로 가르치고 있었습니다. 언제나 명령조로 말하고, 조금만 실수해도 무시무시한 벌을 주었습니다.

알베르트는 학교 생활이 싫어 공부를 열심히 하지 않았습니다. 수업 시간에는 선생님 말씀을 듣지 않고 멍하니 창 밖을 내다보았습니다.

그러자 어느 날, 선생님이 수업 시간에 알베르트에게 말했습니다.

"알베르트, 미안하지만 네가 우리 학교를 떠났으면 좋겠다."

"선생님, 그게 무슨 말씀이세요? 저는 학교를 그만둬야 할 만큼 나쁜 짓을 하지 않았는데요."

"물론 그렇지. 하지만 냉정하게 생각해 보면 너한테 잘못이 없는 것은 아니야. 너는 수업 시간에 멍하니 앉아 있는 버릇이 있지? 그것이 얼마나 다른 아이들에게 나쁜 영향을 주는지 알아? 너는 학교 규율을 어지럽히고 있다고. 거기다가 공부를 못해서 너 때문에 우리 반 평균 점수도 떨어졌고……."

알베르트는 선생님의 말을 듣고 몹시 서글퍼졌습니다. 더욱더 학교에 다니기 싫어졌습니다.

어느 날, 알베르트는 아버지의 손을 잡고 누이동생 마야와 호숫가로 놀러 나갔습니다.

호숫가 옆에는 넓은 광장이 있는데, 나팔 소리와 함께 군인들의 노랫소리가 들려왔습니다.

오, 독일! 우리 조국!
세상에서 제일 좋은 나라!

총을 멘 군인들이 군화 소리를 내며 행진해 오고 있었습니다.

아버지는 그 광경을 보며 알베르트에게 말했습니다.

"어때, 군인들이 늠름해 보이지? 너도 어서 자라서 용감한 군인이 되어라."

그러자 알베르트는 못마땅하다는 듯 퉁명스럽게 말했습니다.

"늠름하기는요. 불쌍하기 짝이 없는데요. 저는 군인 따위는 되고 싶지 않아요."

아버지는 놀라는 표정을 지었습니다.

"군인들이 불쌍하다고? 그게 무슨 소리냐?"

"아빠, 생각해 보세요. 군인들은 명령에 살고 명령에 죽는대요. 명령에 따라 움직이니 얼마나 불쌍해요? 자기 생각대로 할 수 있는 일은 아무것도 없고……."

"군인이야 원래 다 그렇지. 그러고 보니 넌 겁쟁이로구나. 군인이 되어 전쟁터를 누비는 것이 무서운가 보지?"

"아빠, 전쟁터에서 사람을 마구 죽이는 건 씩씩하고 용감한 게 아니에요. 더 중요한 것은 전쟁을 막고 평화를 지키는 일이에요."

알베르트는 이처럼 어려서부터 전쟁을 싫어하고 평화를 사랑했습니다. 인간을 억누르고 억압하는 것이라면 국가든 군대든 좋아하지 않았습니다.

1889년 알베르트는 초등학교를 졸업하고 뮌헨에 있는 김나지움에 입학했습니다. 김나지움은 독일의 중고등학교였습니다.

그러나 알베르트는 김나지움에 제대로 적응하지 못했습니다. 학교에 다니기 싫고 공부도 지겨웠습니다.

뒷날 알베르트는 자신의 학창 시절을 돌아보며 이렇게 말했습니다.

"초등학교 선생님들은 하사관 같더니, 김나지움 선생님들은 장교 같았습니다."

알베르트는 엄한 규율을 내세우며 군대식으로 가르치는 학교가 무척이나 싫었던 것입니다.

알베르트는 학과 과목 가운데 외국어와 역사의 성적이 제일 나빴습니다. 특히 라틴 어와 그리스 어는 지독히도 싫어하여 전혀 공부를 하지 않았습니다.

하지만 수학과 과학은 성적이 좋은 편이었습니다. 스스로 재미를 느껴 교과서 말고도 여러 가지 책을 구해 읽었습니다.

1894년 가을, 아버지는 가족을 데리고 이탈리아의 밀라노 지방으로 이사를 갔습니다. 운영하던 공장이 문을 닫게 되었기 때문이었습니다. 아버지는 밀라노에서 친척의 도움으로 공장을 차릴 계획이었습니다.

떠나기 전날, 아버지가 알베르트에게 말했습니다.

"학교를 졸업하려면 아직 2년이 남았지? 기숙사에 들어가 공부하도록 해."

"예, 아버지."

알베르트는 기숙사에서 먹고 자며 학교에 다녔습니다. 그런데 기숙사 생활은 여간 힘든 것이 아니었습니다. 얼마나 규율이 엄한지 산책도 마음대로 할 수 없었습니다.

알베르트는 학교와 기숙사가 끔찍하게 싫었습니다. 그래서 학교를 그만두고 밀라노로 갔습니다.

1895년 초가을, 알베르트는 스위스 취리히에 있는 스위스 연방 공과 대학에 들어가려고 입학 시험을 치렀습니다. 하지만 보기 좋게 떨어지고 말았습니다.

알베르트가 합격자 발표 게시판에 자신의 이름이 빠진 것을 확인하고 쓸쓸히 교문을 나서는데, 수위실에서 그를 찾았습니다.

"알베르트 씨, 학장님이 부르십니다."

무슨 일인가 하고 학장실을 찾아가니, 학장이 인자한 미소를 지으며 말했습니다.

"자네는 점수가 나빠 입학 시험에는 떨어졌지만, 수학 과목만은 만점을 받았더군. 수학의 천재라고 수학 교수가 크게 놀라는 거야. 그래서 의논 끝에 자네를 내년에 우리 대학에 무시험으로 입학시키기로 했네. 자네는 김나지움 졸업장이 없으니 1년 동안 더 공부를 하고 오게."

"감사합니다, 학장님."

학장은 친절하게도 알라우 김나지움을 소개해 주었습니다. 그래서 알베르트는 알라우 김나지움에서 1년 동안 공부하고는, 이듬해 가을에 스위스 연방 공과 대학에 들어갈 수 있었습니다.

알베르트는 물리학과 수학을 공부했습니다. 그리고 1900년에 스위스 연방 공과 대학을 졸업한 뒤, 베른에 있는 스위스 특허국의 관리로 일했습니다.

이 시기에 아인슈타인은 직장 일이 끝나면 밤마다 물리학 연구에 몰두했습니다. 그리하여 1905년 특수상대성이론, 광양자이론, 브라운 운동의 이론을 발표하여 세상을 놀라게 했습니다. 이것은 갈릴레이나 뉴턴의 학설을 송두리째 흔들어 놓은 20세기 물리학의 최대 성과라는 평가를 받았습니다.

아인슈타인은 이러한 업적으로 취리히 대학, 프라하 대학, 스위스 연방 공과 대학, 베를린 대학으로부터 초빙을 받아 대학 교수로서 연구를 계속했습니다.

1916년에는 일반 상대성 이론을 발표했으며, 1921년에는 노벨 물리학상을 받았습니다.

1933년 히틀러가 독일의 총리가 되어 유대인을 탄압하기 시작하자, 아인슈타인은 독일 시민권을 포기하고 독일을 떠났습니다. 그리고 미국으로 건너가 뉴저지 주에 있는 프린스턴 대학교 고등 연구소의 교수가 되었습니다.

그는 이 연구소에서 통일장 이론을 연구하며 유대인 보호와 세계 평화 운동에 발벗고 나섰습니다.

20세기가 낳은 최대의 물리학자였던 아인슈타인은 1955년 4월 18일, 프린스턴 병원에서 잠을 자다가 숨을 거두었습니다.

아인슈타인은 1995년 미국의 신문인 워싱턴 포스트가 선정한 '가장 위대한 과학자'로 뽑히기도 했습니다.

발명가편

위대한 발명왕
에디슨

항공 시대를 연 비행기 발명가
라이트 형제

노벨상을 남긴 다이너마이트 발명가
노벨

위대한 발명왕

에디슨
(1847~1931)

미국 오하이오 주 밀란 마을에서 태어나, 13세에 열차의 신문 판매원이 되었다. 그리고 16세 때부터 열차 안에서 위클리 헤럴드라는 주간 신문을 만들어 팔았다. 이 무렵 전신 기술을 배워 전신 기술자가 되어 웨스트타운 유니언 전신국에서 일했으며, 제1호 발명품인 투표 기록기를 선보였다. 그 뒤부터 발명에 주력하여 축음기, 백열 전구, 전차, 타자기, 전화기, 전신기, 영화 촬영기 등 평생 동안 1천 3백여 종의 발명 특허를 냈다.

토머스 앨바 에디슨은 마을 입구에 서 있었습니다.

마을 앞으로는 '초원의 돛단배'라고 불리는 포장마차들이 줄지어 지나가고 있었습니다. 캘리포니아에 황금이 많이 묻혀 있다는 소문을 듣고 황금을 캐러 가는 사람들의 포장마차였습니다.

에디슨이 사는 밀란 마을은 미국 오하이오 주에 있었는데, 캘리포니아를 향해 가는 포장마차 행렬을 날마다 볼 수 있었습니다.

에디슨은 다섯 살이었습니다. 마을 앞을 지나가는 포장마차들을 구경하다가, 마을 안에 있는 아버지 사무엘의 공장을 찾아갔습니다. 아버지는 지붕에 대는 판자를 만드는 공장을 운영하고 있었습니다. 에디슨은 공장으로 들어가 직공 한 사람을 붙잡고 물어보았습니다.

"아저씨, 지금 무슨 일을 하고 계세요?"

"판자를 만들고 있단다."

"판자는 불에 타나요?"

"그럼, 아주 잘 타지."

"불은 왜 타나요?"

"응, 나무에 불을 붙였기 때문이야."

"아저씨, 그럼 불은 어째서 붙는 거죠?"

"그, 그건 불을 피우니까 붙는 거지."

"불을 피우면 왜 불이 붙죠?"

에디슨의 질문은 끝없이 이어졌습니다. 귀찮을 정도로 끈질기게 질문하는 것이었습니다.

직공은 진저리를 치며 소리쳤습니다.

"아유, 이제 그만 좀 물어 봐라. 너는 뭐가 그리 궁금한 게 많니? 일하는 데 방해가 되니 밖에 나가 놀아라."

직공은 에디슨을 공장 밖으로 쫓아냈습니다. 그리고는 동료 직공에게 말했습니다.

"아유, 저런 녀석은 처음 봤어. 머리가 어떻게 된 거 아냐?"

"호기심이 남달리 강해서 그렇지, 뭐. 지난번에는 벌집을 뒤집어 놓아 벌한테 실컷 쏘이고, 뗏목을 만들어 호수에서 놀다가 물에 빠져 죽을 뻔했잖아. 하여간 말썽만 일으키는 문제아야."

에디슨은 공장에서 나와 집으로 돌아왔습니다.

'불은 어째서 붙는 거지?'

에디슨은 불에 대한 생각으로 머릿속이 꽉 차 있었습니다.

'불을 피워 보자. 그러면 의문을 풀 수 있을 거야.'

에디슨은 이렇게 생각하고 헛간에 불을 질렀습니다.

헛간은 불길에 휩싸여 활활 타올랐습니다.

"헛간에 불이 났다!"

검은 연기를 보고 집안 식구들이 뛰어나오고, 공장 사람들이 달려왔습니다. 사람들은 힘을 합쳐 불을 껐습니다.

위대한 발명왕-에디슨

집까지 불이 옮겨 붙지 않아 천만다행이었습니다.

"이놈, 또 말썽을 부려? 집안 망하게 하려고 불장난을 해!"

아버지는 화가 머리끝까지 나서 에디슨을 마구 때렸습니다.

에디슨은 '다시는 말썽을 부리지 않겠다.'고 다짐했지만 그 때뿐이었습니다. 며칠이 안 되어 또 사고를 쳤습니다.

아버지의 공장 근처에는 개울이 있었습니다. 에디슨은 공장에서 판자를 가져와 개울 위에 놓았습니다. 자신만 건너다닐 수 있는 다리를 놓은 것입니다.

그런데 그 다리는 매우 약했습니다. 에디슨이 판자 위를 반쯤 건넜을 때 '우지끈' 부러지고 말았습니다.

"으아악!"

위대한 발명왕-에디슨 **261**

에디슨은 비명을 지르며 개울로 떨어졌습니다.

"어푸, 어푸! 살려 줘요!"

물 속은 꽤 깊었습니다. 에디슨은 물 속에서 허우적거렸습니다. 그 때 개울 옆을 지나가던 마을 사람이 에디슨을 구해 주었습니다.

"큰일 날 뻔했구나. 헤엄칠 줄도 모르면서 위험한 짓을 했어."

마을 사람은 부러진 판자를 보며 혀를 끌끌 찼습니다.

또 한번은 이런 일이 있었습니다.

에디슨이 여섯 살 되던 해의 어느 봄날이었습니다. 식구들이 모여 저녁을 먹으려는데 에디슨의 모습이 보이지 않았습니다.

"애가 어디 갔지? 오후부터 보이지 않네."

"또 어디 가서 사고를 친 거 아니야?"

에디슨의 부모님은 걱정이 되었습니다. 그래서 에디슨을 찾아 온 동네를 헤매 다녔습니다. 하지만 에디슨의 그림자도 찾을 수 없었습니다.

"거참, 희한한 일이네. 이 녀석이 어디 갔지? 혹시 집 안에 숨어 있는 거 아니야?"

아버지와 어머니는 이번에는 집 안을 이 잡듯이 뒤졌습니다. 그래서 마침내 에디슨을 찾아냈는데, 헛간 구석에 웅크리고 앉아 있는 것이었습니다.

"토머스! 헛간에서 뭘 하고 있는 거니? 한참을 찾았잖아."
그러자 에디슨은 목소리를 낮춰 말했습니다.
"쉿, 조용히 하세요. 곧 귀여운 거위 새끼가 태어날 거예요."
"그게 무슨 소리냐? 밖으로 나오너라. 저녁을 먹어야지."
어머니의 말에 에디슨은 고개를 저었습니다.
"저는 지금 꼼짝할 수 없어요. 거위알을 품고 있거든요."
"뭐, 뭐라고?"
아버지와 어머니는 어처구니없다는 표정을 지었습니다. 에디슨은 오후 내내 헛간에서 거위알을 가슴에 품고 있었던 것입니다.

에디슨은 이렇게 엉뚱하고 호기심 많은 아이였습니다.

1854년 에디슨의 가족은 밀란 마을을 떠나 미시간 주의 포트 휴런으로 이사했습니다. 에디슨은 이듬해에 초등학교에 입학했습니다. 그런데 그는 학교에서도 제멋대로였습니다. 에디슨은 국어 시간에 노트에 커다란 기선을 그리고는 생각에 잠겼습니다.

'기선은 굉장히 무거울 텐데, 어떻게 물 속에 가라앉지 않고 물 위를 달릴 수 있지?'

그러다가 선생님한테 들키고 말았습니다.
"토머스, 국어 시간에 뭐 하는 짓이니?"
선생님은 에디슨을 야단치고 벌을 세웠습니다.
선생님에게는 에디슨이 이해할 수 없는 이상한 아이였습니다.

공부는 전혀 하지 않고 엉뚱한 질문만 자꾸 하기 때문이었습니다. '2 더하기 2는 어째서 4가 되나요?' 하고 묻는가 하면, '사람은 왜 물 위를 걷지 못하죠?' 하고 물어 선생님을 곤란하게 한 것이 한두 번이 아니었습니다.

'저 아이는 모자란 아이임에 틀림없어. 시험을 보면 꼴찌를 도맡아 하고 있잖아. 가르쳐 봐야 아무 소용이 없겠어. 다른 아이들이 수업을 받는 데 방해가 될 뿐이지.'

그래서 선생님은 에디슨의 어머니를 학교에 불러 말했습니다.

"토머스를 내일부터 학교에 보내지 마십시오. 우리 학교는 모자란 아이 하나만을 위한 학교가 아니어서……."

"예? 모자란 아이요?"

어머니는 선생님의 말에 화가 나서 다그쳐 물었습니다.

"선생님은 무슨 근거로 토머스를 모자란 아이라고 하십니까? 선생님이 토머스에 대해 얼마나 안다고……. 제가 봤을 때는 토머스가 선생님보다 머리가 좋습니다. 이 아이가 정말 모자란지 아닌지 앞으로는 제가 가르쳐 보겠습니다."

이리하여 에디슨은 석 달 만에 학교를 그만두고 다음 날부터 어머니에게 공부를 배우게 되었습니다.

어머니는 학교 선생님과는 전혀 달랐습니다. 에디슨이 무슨 질문을 해도 알아듣기 쉽게 설명해 주었고, 학과 공부보다는 책을 많이 읽혔습니다. 에디슨은 셰익스피어, 디킨즈 등의 문학책은 물론 시어의 《세계사》, 기번의 《로마 제국 쇠망사》 등의 역사책, 파아커의 《자연 과학 교실》, 리차드 백의 《자연 실험 철학》 등의 과학책에 이르기까지 여러 분야의 책을 읽었습니다.

한번은 과학자 프랭클린에 관한 전기를 읽고 났을 때였습니다.

'프랭클린이 정전기를 발견했다고 했지? 나도 실험을 해 봐야겠다.'

에디슨은 고양이 두 마리를 구해서 그 꼬리들을 철사줄로 묶었습니다. 그런 다음 정전기를 일으키려고 꼬리털을 쓱쓱 비볐습니다.

그런데 그 때였습니다. 놀란 고양이들이 에디슨의 손을 할퀴었습니다.

"아야!"

손등에는 피가 맺혀 있었습니다.

과학에 대해 흥미를 느낀 에디슨은 창고로 쓰는 지하실에 실험실을 마련했습니다. 그래서 실험에 필요한 도구들과 약병들을 사서 실험을 시작했습니다. 과학 책에 씌어 있는 실험들을 하나하나 해 보려고 마음을 먹었던 것입니다.

어느 날, 에디슨은 과학 책을 읽다가 흥미로운 사실을 알게 되었습니다.

'기구가 하늘 높이 떠오르는 것은 그 안에 공기보다 가벼운 가스를 넣기 때문이라고? 으음, 그렇다면 사람도 몸 안에 가스를 넣어 가벼워진다면 새처럼 하늘을 날 수 있겠군.'

새로운 사실을 알았으니 빨리 실험을 하고 싶었습니다.

에디슨은 마이클이라는 친구를 실험실로 불러 말했습니다.

"마이클, 새처럼 하늘을 훨훨 날아다니고 싶지 않니?"

"나도 그러고 싶어. 하지만 사람이 어떻게 하늘을 날아다니니? 말도 안 돼!"

"아니야, 방법이 있어. 이 약을 먹으면 하늘을 훨훨 날아다닐 수 있다고."

"뭐, 뭐야? 그게 정말이야?"

마이클은 에디슨이 내미는 약병을 보았습니다. 거기에는 '비등산'이라고 적혀 있었습니다. 비등산은 거품이 잘 나는 가루약이었습니다.

에디슨은 비등산을 물에 타서 마이클에게 주었습니다.

"자, 어서 약을 먹어 봐. 몸이 가벼워지면서 공중에 두둥실 떠오를 거야."

마이클은 에디슨이 권하는 대로 비등산을 단숨에 입 속에 털어넣었습니다. 그리고 몸이 공중에 떠오르기를 기다렸습니다.

그런데 이게 웬일입니까? 공중에 떠오르기는커녕 마이클이 배를 움켜쥐고 바닥을 데굴데굴 구르는 것이었습니다.

"아이고, 배야! 배가 너무 아파!"

그 때 어머니가 실험실로 들어섰습니다.

"토머스, 점심 먹어라. 어어? 마이클이 왜 저러고 있니?"

에디슨은 어머니에게, 마이클에게 비등산을 먹였다고 사실대로 이야기했습니다.

그러자 어머니는 마이클의 등을 두드려 약을 다 토하게 했습니다.

에디슨은 이 일로 부모님에게 호되게 야단을 맞았습니다.

앞으로는 절대로 사람의 몸을 실험용으로 쓰지 않겠다고 맹세해야 했습니다.

에디슨은 열세 살에 열차의 신문 판매원이 되었으며, 열차 안에 실험실을 차려 실험을 계속했습니다. 열여섯 살 때부터는 열차 안에서 『위클리 헤럴드』라는 주간 신문을 직접 만들어 팔기도 했습니다.

그 해 8월의 어느 날이었습니다.

에디슨은 열차에 치일 뻔한 아이를 구해 주었습니다. 그 아이는 역장의 아들이었습니다. 역장은 아들을 구해 준 보답으로 에디슨에게 전신 기술을 가르쳐 주었습니다.

그 뒤 에디슨은 전신 기술자가 되었으며, 틈틈이 계속 발명을

했습니다. 에디슨의 제1호 발명품은 투표 기록기였습니다. 앉은 자리에서 책상 위에 있는 단추만 누르면, 곧바로 투표 결과를 계산해서 보여 주는 편리한 기계였습니다. 그 다음에는 주식 상장 표시기를 발명했습니다. 이 기계는 4만 달러에 팔려, 에디슨은 이 돈으로 뉴저지 주의 뉴어크에 발명 연구소를 차릴 수 있었습니다.

그 뒤부터 에디슨은 더욱더 열심히 발명을 했습니다.

그는 평생 1,300여 가지의 발명을 했는데, 하루에 4시간밖에 자지 않으며 노력한 결과였습니다.

에디슨은 신문 기자가 성공 비결을 묻자 이렇게 대답하기도 했습니다.

"나의 발명은 1퍼센트의 영감과 99퍼센트의 노력으로 이루어졌습니다."

그의 발명품 가운데는 백열 전구, 전차, 축음기, 타자기, 전화기, 전신기, 영화 촬영기 등이 유명합니다.

에디슨은 85세까지 살았습니다.

"나는 발명을 할 돈을 벌기 위해서 발명한다."
라고 말할 만큼 발명에 일생을 바친 위대한 발명왕이었습니다.

항공 시대를 연 비행기 발명가

라이트 형제

**형 윌버 라이트(1867~1912),
동생 오빌 라이트(1871~1948)**

비행기를 발명하여 인류 최초의 비행에 성공한 미국의 형제 발명가이다.
형제가 공동으로 자전거 가게를 경영하다가, 독일인 릴리엔탈이 글라이더
시험 비행 중에 사고로 죽은 것을 알고 비행기에 흥미를 갖기 시작했다.
처음에는 글라이더를 만들어 몇 차례 시험 비행을 했으며,
1903년 12월 17일 엔진을 단 글라이더, 즉 동력 비행기(플라이어)를 만들어
인류 최초의 비행에 성공했다.
그 뒤 더 좋은 비행기 만드는 일에 몰두해,
8시간이나 나는 비행기를 만들기에 이르렀다.

"야, 신난다! 아빠가 선물을 사 오셨어!"

"아빠, 고맙습니다."

형 윌버 라이트와 동생 오빌 라이트는 선물을 받고 기뻐서 어쩔 줄을 몰랐습니다.

아버지인 밀턴 라이트는 목사였습니다. 그래서 교회 일로 가끔 다른 지방에 가는데, 집에 올 때마다 자식들에게 선물을 사다 주는 것이었습니다.

아버지는 다섯 살인 캐서린에게는 예쁜 인형을, 열두 살인 윌버와 여덟 살인 오빌에게는 장난감을 사다 주었습니다.

윌버와 오빌은 선물 상자를 풀어 보고 눈이 휘둥그레졌습니다.

"아빠, 이게 뭐예요? 꼭 잠자리처럼 생겼네."

"그래, 잠자리처럼 하늘로 날아오르는 장난감이란다. 프랑스에서 처음 만든 것인데, 헬리콥터라고 부르지. 시카고에서 샀는데, 너무 비싸서 한 개만 샀다. 둘이 다투지 말고 사이좋게 가지고 놀아라."

장난감에는 설명서가 붙어 있었습니다. 고무줄을 감았다 놓으면 프로펠러가 빙글빙글 돌아가, 헬리콥터가 하늘 높이 날아오른다는 것입니다.

윌버와 오빌은 마당으로 나왔습니다. 그리고 고무줄 달린 프로펠러를 팽팽하게 감은 뒤 얼른 손을 떼었습니다.

그러자 헬리콥터는 프로펠러를 돌리며 공중으로 솟구쳐 올랐습니다.

"와, 날아간다! 멋지다!"

라이트 형제는 손뼉을 치며 좋아했습니다.

그러나 헬리콥터는 오래오래 날지는 못했습니다. 고무줄이 다 풀리자 이내 땅으로 떨어져 버렸습니다.

형제는 그 날부터 헬리콥터만 가지고 놀았습니다. 교대로 고무줄을 감아 공중으로 날려 보냈습니다.

"형, 정말 신기하지? 우리도 하늘을 날 수 있다면 얼마나 좋을까?"

"머지않아 그런 날이 올 거야. 우리가 헬리콥터를 만들어 직접 타면 하늘을 날아다닐 수 있잖아."

"우리가 타려면 아주 크게 만들어야겠네. 형, 우리도 언젠가 이런 장난감을 만들어 보자."

"좋아."

어느 날, 날마다 가지고 놀던 헬리콥터가 고장이 나고 말았습니다.

오빌은 날 수 없게 된 헬리콥터를 보고 울음을 터뜨렸습니다.

"형, 이제 어떡해? 고칠 수 없는 거야?"

"울지 마. 우리가 이 헬리콥터와 똑같은 것을 만들면 되잖아."

"정말? 그럼 우리 같이 만들어 보자."

형제는 머리를 맞대고 앉아 궁리를 거듭했습니다. 고장난 헬리콥터를 분해하고 설계도를 그려 보기도 했습니다. 그리고 일 주일 뒤에는 마침내 새로운 헬리콥터를 만들 수 있었습니다.

"야호, 성공이다! 우리가 드디어 해냈어!"

형제는 공중으로 솟구쳐 오르는 헬리콥터를 보고 좋아서 깡충깡충 뛰었습니다.

윌버와 오빌은 어려서부터 만들기를 좋아했습니다. 유치원에 다닐 때는 썰매를 만들어 탔고, 망가진 재봉틀을 고쳐 보겠다고 재봉틀을 낱낱이 뜯어 놓은 적도 있었습니다. 초등학교에 다닐 때는 연을 만들어 동네 아이들에게 팔기도 했습니다.

1888년 윌버는 스물두 살, 오빌은 열여덟 살이 되었습니다.

동생이 형에게 말했습니다.

"형, 우리는 아버지 교회의 주보를 만들어 봤잖아. 폐품을 조립해서 만든 활자 인쇄기로 말이야."

"인쇄가 깨끗하게 잘 됐다고 교회 신자들한테 칭찬을 받았지."

"인쇄 기술도 익혔으니 신문을 만들어 팔면 어떨까? 일 주일에 한 번 마을 신문을 만들어 주민들에게 파는 거야."

"그거 좋은 생각이다. 마을에서 일어난 일을 취재해 신문에 실으면 인기를 얻을 수 있을거야."

라이트 형제는 미국 오하이오 주 데이턴 시에 살고 있었습니다. 데이턴 시는 그들이 태어난 고향이었습니다. 그래서 신문 이름을 『데이턴 신문』이라고 정하고 신문을 창간했습니다.

그들이 직접 만든 인쇄기는 한 시간에 신문 1,500부를 찍을 수 있었습니다. 윌버가 편집장, 오빌이 판매 부장이 되어 신문을 발행하자, 마을 사람들은 깜짝 놀랐습니다.

"좋은 신문이네. 우리 고향 소식이 자세히 실려 있어."

"유익한 생활 정보도 많이 소개되어 있는 걸."

마을 사람들의 반응은 뜨거웠습니다. 신문은 나오자마자 금방 다 팔려 버렸습니다.

데이턴 신문은 주민들이 꼭 읽어야 할 소식지로 자리잡아 갔습니다. 라이트 형제는 신문을 만들어 파느라 바쁜 나날을 보내야 했습니다.

그러는 사이 4년의 세월이 금방 지나갔습니다.

어느 날, 윌버와 오빌은 에드라는 친구의 자전거를 고쳐 주었습니다. 그랬더니 여기저기서 자전거를 고치거나 만들어 달라는 주문이 밀려들어오는 것이었습니다.

오빌이 윌버에게 말했습니다.

"형, 우리한테는 신문 만드는 일보다 자전거 만드는 일이 더 적성에 맞는 것 같아!"

"그렇지? 이 일을 하면 훨씬 재미있고 실력 발휘를 할 수 있을 거야."

"그럼 신문사 일을 그만두고 자전거 가게를 차리는 게 어때? 신문사는 에드에게 맡기는 거야. 그 친구라면 우리가 없어도 신문을 잘 만들 수 있을 거야."

"그래, 좋은 생각이다. 당장 가게를 차리자."

라이트 형제는 신문사를 에드에게 맡기고 라이트 자전거 가게를 차렸습니다.

이들은 자신들이 만든 자전거를 '라이트 플라이어'라는 이름을 붙여 팔았는데, 큰 인기를 얻었습니다. 자전거는 날개 돋친 듯이 팔려 나갔습니다.

그런데 그로부터 2년 뒤인 1896년 어느 날이었습니다.

윌버는 신문을 보다가 눈을 동그랗게 떴습니다.

"뭐라고? 독일의 릴리엔탈이 글라이더(발동기가 없는 항공기)를 타다가 하늘에서 떨어져 죽었다고?"

"릴리엔탈이라면 글라이더로 하늘을 처음 난 사람이지? 그 사람은 《하늘을 나는 새의 실험》이라는 책도 썼어. 형, 우리도 글라이더를 만들어 하늘을 날아 볼까?"

"좋지. 우리 둘이 힘을 합쳐 글라이더를 만들어 실험 비행을 해 보는 거야."

라이트 형제는 이 때부터 비행기 연구를 시작했습니다.

1900년에는 사람이 탈 수 있는 글라이더를 만들어, 노스캐롤라이나 주의 키티호크 해변에서 시험 비행을 했습니다. 그리고 1901과 1902년에도 더 큰 글라이더를 만들어 시험 비행을 했습니다.

"형, 글라이더는 바람이 없으면 움직이지 못하잖아. 차라리 글라이더에 엔진을 달아 볼까? 엔진의 힘으로 프로펠러를 돌려 글라이더를 날게 하는 거야."

"그렇게만 하면 바람이 있건 없건 글라이더가 하늘을 날 수 있을 거야."

이리하여 형제는 엔진을 단 글라이더를 만들어 플라이어(비행기)라는 이름을 붙였습니다.

플라이어 1호가 시험 비행을 한 것은 1903년 12월 17일 아침이었습니다.

키티호크 해변에는 일곱 사람이 서성거리고 있었습니다.

모래 언덕에는 가솔린 엔진과 프로펠러가 달린 플라이어 1호가 놓여 있었습니다.

키티호크에 바람이 심하게 불어, 바람이 잦아들기를 사흘째 기다려 온 그들이었습니다.

"이제 됐어. 바람이 조금 가라앉았으니 비행 준비를 하자고."

오빌은 조종석에 몸을 눕혔습니다. 그러자 윌버는 엔진을 돌렸고, 요란한 엔진 소리가 허공을 갈랐습니다.

이윽고 플라이어 1호는 모래 위에 늘어놓은 레일 위를 달리더니, 키티호크 해변을 날았습니다.

"와아, 날았어!"

"성공이야, 성공!"

비행 시간은 12초, 날아간 거리는 겨우 36m였습니다. 하지만 인류 최초의 비행에 성공한 감격적인 순간이었습니다.

키티호크 해변에 있던 사람들은 환호성을 지르며 서로 얼싸안았습니다.

"우리가 마침내 해냈어!"

"새처럼 자유롭게 하늘을 날 수 있게 되었어."

윌버와 오빌은 감격해서 목이 메었습니다.

그 날 두 사람은 시험 비행을 네 차례 했는데, 마지

막에는 59초를 날았습니다.

 그 뒤 라이트 형제는 더 좋은 비행기 만드는 일에 온 힘을 쏟았습니다. 그리하여 1909년에는 미국 육군의 요청으로 열린 공개 비행에서, 1시간 35분 20초 동안 비행기로 하늘을 날 수 있었습니다. 같은 해에 미국에는 아메리칸 라이트 비행기 회사가 세워졌습니다.

 윌버는 이 회사 사장이 되어 성능 좋은 비행기를 만드는 데 앞장섰습니다. 이리하여 8시간이나 나는 비행기를 만들기에 이르렀습니다.

 그러나 윌버는 한창 나이인 46세에 장티푸스에 걸려 세상을 떠나고 말았습니다.

 오빌은 형을 잃은 슬픔을 견딜 수가 없었습니다. 형의 뒤를 이어 비행기 회사 사장이 되었지만, 3년을 겨우 채우고 그 자리에서 물러났습니다. 그리고 평생 결혼도 하지 않고 집에서 조용히 세월을 보냈습니다.

 1932년 12월 17일, 오빌은 오랜만에 세상에 얼굴을 내밀었습니다. 키티호크 해변에 '라이트 형제 비행 기념비'가 세워져 그 제막식에 참석한 것입니다.

 '우리 형제가 세계 최초로 하늘을 난 지 29년이 지났구나. 형님이 이 기념비를 보면 얼마나 기뻐하실까?'

기념비를 우러러보는 오빌의 눈에는 눈물이 가득 고여 있었습니다. 1948년 1월 30일, 오빌은 고향 데이턴 시에서 77세로 삶을 마감했습니다.

데이턴 시에는 아직도 라이트 형제의 이름에서 딴 미국 공군의 라이트 연구소가 있습니다.

노벨상을 만든 다이너마이트 발명가

노벨
(1883~1896)

발명가인 아버지의 사업을 도와 러시아 공장에서 일하다가, 크림 전쟁이 끝난 뒤 니트로글리세린 화약을 연구하기 시작했다. 니트로글리세린과 흑색 화약을 혼합한 이 화약은 1863년 폭파 실험에 성공해 스웨덴 정부로부터 특허를 따 냈다. 그 뒤 니트로글리세린을 규조토에 스며들게 한 고체 형태의 안전한 화약인 다이너마이트를 발명하여 큰 부자가 되었다. 1896년 자신의 전 재산을 인류의 행복과 세계 평화에 이바지한 사람에게 써 달라는 유언장을 남겨 노벨상이 만들어졌다.

1883년 10월 21일, 스웨덴의 수도인 스톡홀름에서 귀여운 아기가 태어났습니다. 큰아들 로버트, 둘째 아들 루드비히에 이어 셋째 아들이었습니다. 아버지 임마누엘 노벨은 아기 이름을 알프레드 노벨이라고 지었습니다.

알프레드는 태어날 때부터 몸이 약했습니다. 감기에 걸려 죽을 뻔했다가 살아난 적이 여러 번 있었습니다.

아버지는 집을 짓거나 다리를 놓는 일을 하는 건축가였습니다. 그런데 그는 건축 일보다 발명에 미쳐 있었습니다. 집 안에 들어박혀 기계를 만드는 데 온 힘을 기울이고 있었습니다.

그러나 아버지는 돈이 될 만한 발명품을 내놓지는 못했습니다. 집안 살림은 날이 갈수록 어려워졌습니다.

알프레드가 다섯 살이 되는 해에 아버지가 어머니에게 말했습니다.

"러시아로 떠날까 하는데 당신 생각은 어떻소? 러시아 정부는 군대와 산업을 키우고 있으니 나의 발명품들을 받아들일 거요."

"그렇다면 당연히 러시아로 가셔야지요. 아이들은 제가 맡아 돌볼 테니 걱정 말고 떠나세요. 당신이 성공해서 돌아오기를 기도하겠어요."

그리하여 아버지는 러시아의 페테르부르크로 떠났습니다. 1837년 12월의 일이었습니다.

알프레드는 여덟 살에 초등학교에 입학했습니다. 워낙 열심히 공부했기 때문에 학교 성적이 좋았습니다. 82명 가운데 4등 안에 들 정도였습니다. 하지만 알프레드는 여전히 몸이 약해 자주 결석을 했습니다. 그런 날은 방 안에서 책을 보거나 그림을 그렸습니다.

1842년의 어느 날, 러시아에서 아버지의 편지가 왔습니다.

여보, 애들을 키우며 살아가느라 얼마나 고생이 많았소? 러시아에 와서 페테르부르크에 공장을 세웠소. 나의 발명품을 러시아 정부에서 받아들여, 그것을 생산하게 된 거요. 이제는 자리가 잡혀 당신과 아이들이 살 집까지 마련했소. 그러니 어서 이 곳으로 오시오.

어머니와 아이들은 아버지의 편지를 읽고 뛸 듯이 기뻤습니다. 5년 만에 온 가족이 한 집에서 살게 되다니, 정말 꿈만 같았습니다. 1842년 10월, 알프레드의 가족은 러시아로 건너갔습니다.

알프레드는 페테르부르크의 집을 보고 벌린 입을 다물지 못했습니다.

"정말 우리 집 맞아요?"

스톡홀름의 집과는 비교할 수 없을 만큼 크고 훌륭했습니다. 으리으리한 이층 양옥집에는 넓은 정원에 연못까지 있었습니다.

아버지는 아들들을 가르칠 선생님을 집으로 데리고 왔습니다. 러시아 말을 잘 하는 스웨덴인 선생님이었는데, 알프레드 형제는 이 선생님에게 러시아 말과 문학, 역사 등을 배웠습니다.

막내 동생 에밀이 태어난 것은 그로부터 3년 뒤였습니다.

이 무렵에 러시아인 선생님을 모셔 와 영어, 프랑스 어, 과학, 산수, 문학 등을 배웠습니다.

새로 온 선생님은 알프레드 형제에게 교훈이 될 만한 이야기를 들려주었습니다. 언젠가는 형제에게 이런 말을 했습니다.

"사람이 배우는 학문은 인류의 행복에 도움을 주는 것이어야 해. 너희들은 장차 예술가가 되어도 좋고 과학자가 되어도 좋다. 다만 이 세상에 쓸모 있는 사람이 되어야 한다."

"잘 알겠습니다."

알프레드 형제는 선생님의 교훈을 가슴에 새겼습니다.

이들은 공부가 끝나면 아버지의 공장에 들렀습니다. 공장에서는 러시아 정부의 주문을 받아 여러 가지 기계를 만들고 있었습니다. 그 가운데는 기뢰라는 무기도 있었습니다.

"아버지, 기뢰가 뭐예요?"

"응, 기뢰는 물 위에 띄워 놓는 폭탄이란다. 적의 군함이 와서 건드리면 '쾅' 하고 터져 군함을 가루로 만들어 버리지."

"와아, 아주 무서운 폭탄이군요."

러시아에서는 전쟁에 대비해, 아버지의 발명품인 기뢰를 많이 주문했다고 했습니다. 러시아의 니콜라이 황제가 아버지의 발명품이 훌륭하다는 것을 알았기 때문입니다.

아버지의 공장은 점점 커졌습니다. 알프레드가 열여섯 살이 되었을 때는 공장이 바빠져, 알프레드의 두 형도 공장 일을 도와야 했습니다.

어느 날, 아버지가 알프레드를 조용히 불렀습니다.

"알프레드, 너한테 부탁이 있는데 미국에 가서 공부를 하고 오너라. 우리 공장이 크려면 선진국의 과학 기술을 배워 와야 해. 미국에는 스웨덴 출신의 존 에릭슨이라는 과학자가 있단다. 그분한테 가서 과학 기술을 배워 오너라. 공부가 끝나면 유럽도 한 바퀴 돌고 오고……."

"분부하신 대로 하겠습니다."

알프레드는 아버지의 뜻을 따르기로 했지만 마음이 무거웠습니다. 그는 과학 기술보다도 문학에 마음을 빼앗기고 있었기 때문입니다.

'나는 공장 일보다 시 쓰는 것이 더 좋아. 열심히 시를 써서 영국 시인 셸리처럼 훌륭한 시인이 되고 싶어.'

알프레드는 미국으로 떠나면서도 가방 속에 셸리의 시집을 넣어 갔습니다. 배 안에서 책장이 닳도록 읽고 또 읽었습니다.

알프레드는 미국에 도착해서는 존 에릭슨을 만나러 가지 않았습니다. 그 대신 경치 좋은 곳을 찾아 여행을 다녔습니다.

알프레드는 미국에서 유럽으로 건너갔습니다. 그리고 독일, 덴마크, 이탈리아를 거쳐 프랑스로 갔습니다.

알프레드는 파리에 방을 얻어 날마다 시를 썼습니다. 답답하면 밖으로 나와 파리 시내를 돌아다녔습니다.

어느 날, 알프레드는 공원에서 우연히 한 소녀를 만났습니다. 알프레드처럼 셸리의 시를 좋아하는 꿈 많은 소녀였습니다.

그는 소녀와 사랑에 빠졌습니다. 날마다 소녀와 만나 행복한 시간을 보냈습니다. 그러나 그 사랑은 오래 가지 못했습니다. 불행하게도 소녀가 몹쓸 병에 걸려 세상을 떠나 버린 것입니다.

알프레드는 절망에 빠져 괴로운 나날을 보냈습니다.

그러던 어느 날, 아버지로부터 편지가 왔습니다.

알프레드, 너를 못 본 지 벌써 2년이 흘렀구나. 형들이 자기 몸을 돌보지 않고 열심히 일하고 있읍덕분에 공장은 잘 되고 있단다. 하지만 여기에 만족할 수는 없지. 새로운 과학 기술을 익혀 훌륭한 발명을 해야만 우리 공장의 미래가 환히 열릴 것이다. 알프레드, 이제 너의 도움이 필요할 것 같구나. 공부가 마무리되는 대로 공장으로 돌아오너라.

알프레드는 아버지의 편지를 받고 부끄러워 견딜 수 없었습니다.

'우리 가족들은 밤낮을 가리지 않고 공장 일에 매달리고 있는데, 지난 2년 동안 나는 도대체 무엇을 했는가. ……아, 이대로 허송세월만 보내고 있을 수는 없다. 이제라도 늦지 않았으니 아버지의 공장으로 돌아가 형들과 같이 일하는 거다.'

알프레드는 스스로를 반성하고 페테르부르크로 돌아왔습니다. 그리고는 미국과 유럽에서 어떻게 지냈는지 아버지에게 솔직히 털어놓았습니다.

"아버지, 과학 기술에 대한 공부는 전혀 하지 못했어요. 저를 용서해 주세요."

"괜찮다. 네가 건강한 모습으로 돌아왔으니 됐지, 뭐. 온 가족이 힘을 합쳐 공장 일을 열심히 해 보자."

아버지는 알프레드를 꾸짖지 않고 오히려 반겨 주었습니다.

다음 날부터 알프레드는 공장에서 밤낮없이 일했습니다.

1년 뒤에는 크림 전쟁(러시아와 영국, 프랑스, 터키 사이에 벌어진 전쟁)이 일어나 공장은 눈코 뜰 새 없이 바빠졌습니다. 아버지의 공장에서 대포, 소총, 기뢰, 지뢰 등 전쟁에 필요한 무기를 만들어야 했기 때문입니다.

그런데 전쟁은 러시아의 패배로 끝났습니다.

러시아 정부는 아버지의 공장에 무기 값을 주지 않았습니다. 무기를 만드느라 빚을 끌어 썼던 아버지는 공장을 빚쟁이들에게 넘길 수밖에 없었습니다.

"공장을 빼앗기다니 참으로 분하구나."

"아버지, 기운을 내세요. 저희가 다시 집안을 일으켜 볼게요."

알프레드 형제는 스웨덴으로 떠나는 아버지를 위로했습니다.

알프레드는 형들과 러시아에 남아 니트로글리세린 화약을 연구하기 시작했습니다. 그것은 니트로글리세린과 흑색 화약을 혼합한 새로운 화약이었습니다.

알프레드는 1863년 폭파 실험에 성공하여 스웨덴 정부로부터 특허를 따냈습니다. 니트로글리세린 화약은 흑색 화약보다 열 배나 좋은 화약이었습니다. 스톡홀름에 화약 공장을 세워 생산에 들어가자, 화약은 정신없이 팔려 나갔습니다.

그러나 좋은 일만 있는 것은 아니었습니다. 1864년 여름, 공장 일을 돕던 막내 동생 에밀이 화약 폭발 사고로 목숨을 잃은 것입니다. 니트로글리세린 화약은 무척 위험했습니다. 액체이기 때문에 작은 충격을 받아도 바로 폭발했습니다.

화약은 세계 여러 나라로 수출되었고, 곳곳에서 폭발 사고가 일어나고 있었습니다. 알프레드는 위험하지 않은 화약을 만들기 위해서 실험실에서 연구를 시작했습니다.

'니트로글리세린을 고체로 만드는 거야. 그러면 폭발할 위험이 없겠지.'

알프레드는 니트로글리세린을 규조토와 섞어 보았습니다. 그랬더니 규조토가 니트로글리세린을 흡수하여 고체 상태가 되었습니다. 따라서 폭발할 위험이 없어 안전하게 운반할 수 있었습니다.

이 화약이 바로 그 유명한 다이너마이트입니다. 알프레드는 다이너마이트로 세계 최고의 부자가 되었습니다. 세계 곳곳에 다이

너마이트 공장이 세워졌고, 다이너마이트는 만들기 무섭게 팔려 나갔던 것입니다.

알프레드는 이에 만족하지 않았습니다. 좀더 강력한 화약을 만들기 위해서 하루에 14시간씩 연구에 매달렸습니다. 그리하여 젤라틴 다이너마이트를 발명했는데, 규조토 대신 물반창고를 써서 다이너마이트보다 몇 배 더 강력한 화약이었습니다.

1887년 알프레드는 54세가 되었습니다. 그는 이때 새로운 화약을 발명했는데 그것이 바리스타이트입니다. 이 화약은 폭발할 때 연기가 나지 않고 총이나 대포에도 쓸 수 있었습니다.

이러한 사실이 알려지자, 이탈리아 정부에서 먼저 연락이 왔습니다.

"알프레드 노벨 씨, 바리스타이트를 만드는 특허권을 팔지 않겠습니까?"

알프레드는 이탈리아 정부에 바리스타이트를 만드는 특허권을 팔았습니다. 그런데 얼마 뒤에 보니, 이탈리아를 비롯하여 세계 여러 나라에서 무기를 늘리고 군대를 기르는 등 전쟁 준비를 하고 있었습니다.

'전쟁이 일어나면 내가 만든 화약이 사람들을 죽음으로 몰아가 겠구나.'

이런 생각을 하니 마음이 아팠습니다.

그 무렵, 알프레드는 주트너 부인이 쓴 소설인 《무기를 버려라》를 읽었습니다. 이 소설은 전쟁으로 말미암아 괴로움을 겪는 사람들의 이야기였습니다. 알프레드는 이 소설을 읽고 깊은 감동을 받았습니다. 주트너 부인은 처녀 때 노벨의 비서로 일한 적이 있었습니다. 노벨은 주트너 부인에게 편지를 보내, 평화를 위한 일이라면 얼마든지 돕겠다고 약속했습니다. 그리고는 평화 운동에 앞장선 그녀에게 몇 차례 도움을 주기도 했습니다.

1890년 알프레드는 이탈리아의 산레모에서 살았습니다.

이 무렵부터 건강이 나빠져, 병원 신세를 지어야 했습니다.

'나는 평생 독신으로 살아왔다. 이제 살 날이 얼마 남지 않았으

니 인류의 행복과 세계 평화를 위해 전 재산을 내놓아야겠다.'

이런 결심을 하고 1895년 11월 17일, 유언장을 쓰기 시작했습니다.

내가 남긴 모든 재산을 은행에 넣어 다음과 같이 써 주십시오.
해마다 인류에 크게 이바지한 사람들을 찾아 내, 그들에게 은행 이자를 상금으로 주십시오. 즉, 물리학 분야에서 가장 중요한 발견을 한 사람, 화학 분야에서 가장 중요한 발견이나 공을 세운 사람, 생리학 또는 의학 분야에서 가장 중요한 발견을 한 사람, 문학 분야에서 가장 훌륭한 작품을 쓴 사람, 세계 평화를 위해 가장 공이 큰 사람에게 상금을 주십시오.

알프레드 노벨은 1896년 12월 10일, 산레모의 집에서 심장병으로 세상을 떠났습니다. 유언장에 쓴 대로, 인류에게 크게 이바지한 사람들에게 주어질 상이 만들어졌는데 이 상이 바로 노벨상입니다.

노벨상은 1901년 12월 10일 첫 번째 수상자를 뽑아 시상식을 가졌습니다. 그리고 100여 년이 흐른 오늘날까지 해마다 알프레드 노벨이 세상을 떠난 날인 12월 10일에 노벨상 시상식을 갖고 있습니다.